가상화폐
단타의 정석

가상화폐
단타의 정석

초판 1쇄 발행 2021년 9월 8일
초판 12쇄 발행 2024년 11월 19일

지은이 나씨

발행인 장상진
발행처 경향미디어
등록번호 제313-2002-477호
등록일자 2002년 1월 31일

주소 서울시 영등포구 양평동 2가 37-1번지 동아프라임밸리 507-508호
전화 1644-5613 | **팩스** 02) 304-5613

ISBN 978-89-6518-336-5 03320

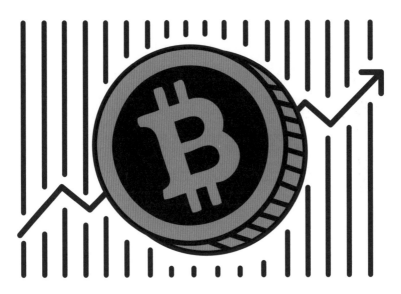

가상화폐
단타의 정석

나씨 지음

나씨TV 비트코인 단타의 모든 것

경향미디어

실전에 강한 가상화폐
단타 투자 노하우

처음 출간 제의를 받았을 때 '내가 과연 책을 써도 될까?', '그런 자격이 있을까?'라는 생각이 들었다. 하지만 2021년에도 2017년과 마찬가지로 상승장이 점차 끝나고 하락장이 다가오면서, 대박의 꿈을 안고 가난을 벗어나고 싶어 코인판에 뛰어든 많은 투자자가 큰 손해를 보고 하나둘 떠나는 모습을 보며, 내가 코인판에 입문했을 당시의 기억이 떠올라 마음이 좋지 않았다. '저 사람들에게 내가 가진 노하우를 전달해줄 수 있다면 조금 더 나아질 수 있을까?'라는 심사숙고 끝에 책을 쓰기로 했다.

현재 시중에 나와 있는 비트코인과 관련된 책들을 살펴보니 대부분 기술서적이고, 실전에 도움이 되는 트레이딩 노하우를 알려주는 책이 거의 없었다. 그래서 '코린이'가 당장 트레이딩할 때 실질적인 도움이 될 수 있도록 내가 4년간 코인판에서 얻은 경험으로 익힌 나만의 매매 기법, 리스크 관리법 등을 이 책에 담았다.

다만 한 가지 일러두고 싶은 것은 차트는 상황에 따라, 해석하기에 따라 180도 분석이 달라질 수 있기 때문에 이 책에 나오는 방법이 모든 상황에서 무조건 맞는 것은 절대 아니라는 점이다. 그러므로 많은 매매 경험이 반드시 필요하고, 매매 경험이 충분히 쌓이기 전까지는 소액으로만 트레이딩을 연습하는 것을 추천한다.

만약 지금 손해가 막심해서 어서 빨리 메꾸고 싶은 마음에, 단기간에 큰돈을 벌고 싶은 마음에 무리하게 투자하는 행동은 절대로 도움이 되지 않으니 인내심을 가지고 트레이딩에 임하면 좋겠다. 그리고 이 책에 나오는 예제 차트를 공부할 때, 해당 날짜의 시간대로 돌아가서 5분 봉, 15분 봉, 1시간 봉, 4시간 봉을 번갈아가면서 각 분봉별로 어떤 모양을 지니고 있는지, 어떤 특징들이 있는지를 눈여겨본다면 교육 효과가 더 좋아질 것이라 생각한다.

마지막으로 이 책에 나오는 기법을 통해 트레이딩하는 모습들은 유튜브 '나씨TV - 비트코인 단타의 모든 것'에서 볼 수 있다.

부디 이 책이 좋은 트레이딩 습관을 들이고, 자산을 증식하는 데 도움이 되었으면 좋겠다.

나씨

차
례

비트코인 시작 전에
알아야 할 기초

재테크도 모르던 나,
코인판에 뛰어들다

복잡한 차트,
쉽게 공부하는 법

단타 매매 기법 1:
5분 봉 3틱 룰

단타 매매 기법 2:
찐바닥 잡기

단타 매매 기법 3:
순환매수매도

단타 매매 기법 4:
단타 칠 종목 고르는 법

단타 매매 기법 5: RSI 지표 활용

매매 기법보다 더 중요한 자산 운용과 리스크 관리

하락장이 오는 것을 어떻게 알 수 있을까?

갑작스러운 폭락장에서도 살아남는 법

지속적으로 하락하는 장에서 대응하는 법

코인판에서 살아남기 위한 5가지 원칙

13장

코린이를 위한 Q&A

14장

비트코인 시작 전에
알아야 할 기초

거래소는 어떤 곳을
이용해야 할까?

　코인을 거래하는 방법은 크게 현물 거래와 선물 거래, 이렇게 두 가지 방법이 있다.

　국내 거래소는 현물 거래만 지원하며 기본적으로 원화를 사용한다. 대표적인 거래소로는 업비트, 빗썸, 코인원이 있으며 2021년 5월 기준으로 보면 업비트의 거래량이 가장 많다.

도표 1-1 국내 최대 거래소 업비트 화면

해외 거래소는 현물 거래, 선물 거래를 모두 지원하며 기본적으로 '테더'라고 불리는 코인(USDT)을 많이 사용한다. USDT는 대표적인 스테이블 코인(가격 변동성을 최소화하도록 설계된 암호 화폐)이다. 달러와 1:1로 연동이 되어 1코인이 1달러의 가치를 가지도록 설계되어 있다. 즉 변동성이 크지 않기 때문에 해외에서 거래할 때는 비트코인보다 USDT를 통해 현물을 구매하거나 선물 거래를 하게 된다. 대표적인 거래소로는 바이낸스(Binance)와 바이비트(Bybit)가 있다.

도표 1-2 전 세계 거래량 1위 거래소 바이낸스 화면

전 세계 거래소의 거래량은 어떻게 알까?

전 세계에 있는 거래소의 거래량 순위를 알고 싶다면 코인 마켓 캡 (coinmarketcap.com)에서 확인이 가능하다. 2021년 7월 8일 기준으로 업비트가 현물 거래량 순위 3위에 랭크되어 있음을 알 수 있다.

도표 1-3 코인 마켓 캡의 거래량 순위 화면

현물 거래와 선물 거래는
어떻게 다를까?

비트코인 시장에서도 주식 시장과 똑같이 현물 시장과 선물 시장을 지원한다. 도표 1-4는 우리가 흔히 알고 있는 현물 거래와 선물 거래는 어떻게 다른지 업비트와 바이낸스를 기준으로 비교해 정리한 것이다.

구분	현물(업비트 기준)	선물(바이낸스 기준)
만기일	없음	있음 혹은 무기한
레버리지	없음	있음(1X~125X)
포지션	롱	롱, 숏
청산 여부	없음	있음

도표 1-4 현물 거래와 선물 거래의 비교

국내 거래소와 해외 거래소의 시세는 왜 다를까?

국내 거래소와 해외 거래소의 시세가 다른 이유는 코리안 프리미엄(이하 코프) 때문이다. 코인은 주식과 다르게 거래소별로 가격 차이가 있으며 국가 간에도 가격 차이가 발생한다. 코프가 발생하는 이유는 여러 가지가 있겠지만, 대표적으로는 유동성 문제로 인한 수요와 공급의 불균형 때문이다.

기존 비트코인 외에 새로 비트코인이 생성되고 유통되려면 우리가 흔히 말하는 채굴이라는 작업을 통해 가능하다. 그런데 문제는 채굴업자가 대부분 외국인이기 때문에 유동성이 낮은 국내 시장보다는 해외 시장에 비트코인을 파는 것을 선호하는 편이다. 그러다 보니 국내의 폭발적인 수요에 비해 비트코인이 부족해져서 전체적인 가격의 상승을 끌어오게 되는 것이다.

코프가 심할 때는 국내 비트코인이 해외보다 50% 이상 차이 날 때도 있는데, 이때는 과매수일 확률이 높으니 투자할 때 주의해야 한다. 또한 코프를 계산할 때 보통 바이낸스라는 거래소와 비교를 하게 되는데, KIMPGA(kimpga.com)에서 업비트에 상장되어 있는 비트코인들의 코프를 한눈에 확인할 수 있다(도표 1-5 참조).

도표 1-5 코리안 프리미엄을 쉽게 확인할 수 있는 KIMPGA

해외 거래소로 입금은
어떻게 할까?

해외 거래소를 이용하기 위해서는 먼저 국내에서 비트코인을 구매한 뒤 해외 거래소로 보내야 한다. 이때 주로 사용하는 비트코인이 리플(XRP)이다. 그 이유는 저렴한 수수료와 많은 거래량 때문이다. 국내 거래소에서 해외 거래소로 비트코인을 옮기는 순서는 다음과 같다.

1. 국내 거래소(업비트, 빗썸 등)에서 리플을 구매한다.
2. 코인을 보낼 해외 거래소(바이낸스, 바이비트 등)의 현물 지갑에서 리플 입금 주소를 확인한다(도표 1-6 참조).

도표 1-6 바이낸스 현물 계정에서 리플을 찾아 입금 버튼 클릭하기

3. 리플 입금 주소와 Tag를 복사한다(도표 1-7 참조).

도표 1-7 주소와 Tag 복사하기

4. 국내 거래소에서 리플 출금 신청을 한 뒤, 앞에서 복사한 주소와 Tag를 붙여 넣고 출금 신청을 한다(도표 1-8 참조). 이때 주의해야 할 점은 주소 외에 Tag를 꼭 기입해야 한다는 것이다. Tag를 기입하지 않으면 입금 처리가 안될 수 있다.

도표 1-8 업비트의 리플 출금 신청 화면

비트코인 공부는
어디서부터 시작해야 할까?

비트코인은 주식과 다르게 재무제표와 같이 내재가치를 확인할 기준이 없기 때문에 그 가치를 책정하기가 굉장히 어렵다. 또한 주식과 다르게 외부 요인보다는 세력들이 만들어내는 유동성과 변동성에 더 큰 영향을 받는 편이다. 그러므로 나는 비트코인은 다음 네 가지만 잘할 수 있다면 단타를 해도 충분하다고 생각한다.

1. 단기 바닥 잡는 법
2. 단기 바닥을 잘못 잡았을 때 탈출하는 법(물타기)
3. 상승할 만한 코인 고르는 법
4. 리스크 관리법

이제부터 비트코인으로 빠르게 수익을 올릴 때 필요한 네 가지 방법에 대해 구체적으로 살펴보도록 하겠다. 그 전에 내가 비트코인을 시작하게 된 계기와 장투가 아닌 단타를 하게 된 이유에 대해 잠깐 다루어보겠다.

2장

재테크도 모르던 나,
코인판에 뛰어들다

비트코인에 입문하다

2017년 3월, 비트코인이 100만 원 정도일 때 회사 서버가 랜섬웨어에 걸려 1비트를 구매하여 해커로부터 복호화 툴을 구매해본 적이 있다. 하지만 실제로 가상화폐를 제대로 시작한 것은 상승장이 펼쳐졌던 2017년 5월 24일 늦은 밤이었다.

그즈음 이사를 해야 했는데, 비싼 서울의 집값이 부담되어 매매는 커녕 이사 비용조차 부담되는 상황이라 좌절감에 빠져 있었다. 그러던 중 퇴근길에 우연히 네이버 실시간 검색어에 뜬 '비트코인'이라는 단어가 눈에 들어왔다. 그 순간 홀리듯 빗썸에 가입했다. 그것이 내 인생을 바꾸는 중대한 변환점이 될 줄 그땐 몰랐다.

그 전까지는 저축이 최고의 재테크라 여겨왔기에 조금은 두려운 마음도 있었지만, 이렇게 월급만 받아서는 서울에서 아파트 한 채도 사지 못할 것 같았다. 전세 자금에 보태느라 예금 잔고가 텅텅 비어 있던 차라 적금을 깨고 종잣돈 500만 원을 마련해 비트코인을 시작했다.

초보자의 행운이었을까? 차트도 볼 줄 모르고, 거래량도 볼 줄 모르던 내가 무심결에 넣은 이더리움이 20%나 올랐다. 하룻밤 사이에 종잣돈은 600만 원이 되었다.

돈 벌기가 이렇게 쉽다고? 그동안 열심히 일하던 내 노동의 가치가 부정당하는 느낌이었다. 돈을 벌어서 기분은 좋았지만 한편으로는 씁쓸했다. 그리고 밤사이 이더리움보다 더 많이 올랐던 이더리움 클래식을 보면서 '저걸 샀더라면 최소 35% 이상 먹었을 텐데'라는 욕심까지 들었다.

뭘 모르니까 어리석고 용감했다. 다음 날 나는 이더리움을 모두 판매하고 이더리움 클래식에 600만 원을 전부 투자하였다. 그리고 하루가 지나고 대망의 5월 27일, 대폭락장의 전조가 아침부터 느껴졌다.

비트코인 입문 3일차, 대폭락장을 경험하다

그날은 여느 아침과 달랐다. 자고 일어나면 항상 상승해 있던 코인들이 주춤했고, 어느 순간을 기점으로 가격이 급격하게 내려갔다. 비트코인은 주식과 다르게 하한가가 없다. 그야말로 눈이 휘둥그레질 정도로 급락했다.

소심한 성격 덕분에 빠른 손절을 할 수 있었고, 어제 먹은 이익금을 모두 토해내는 선에서 마무리했다. 그리고 자기 전에 이더리움 클래식은 불안정하니 역시 안전한 이더리움을 사기로 했다. 그렇게 이더리움을 사고 잠이 들었고, 그 결과 원금이 반토막 나는 놀라운 경험을 하게 되었다. 적금 일부를 깨서 넣은 500만 원이 250만 원이 된 것이다.

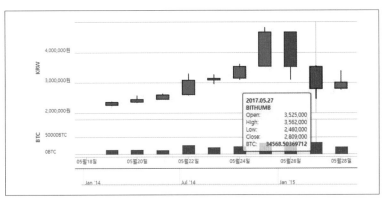

도표 2-1 비트코인 입문 3일 만에 겪은 대폭락장

그날의 경험이 너무 충격적이었던 것일까? 그날 이후 가능하면 오버나이트(물량을 들고 자는 것을 의미)를 하지 않는다. 어느 정도 수익이 발생하면 정리하고 현금화한 다음 자는 습관이 생긴 것도 그때부터이다.

단타에
입문하다

원금 손실은 확정되었고 앞으로는 250만 원으로 다시 시작해야 했다. 나는 어떻게 하면 이 판에서 살아남을 수 있을지 오랜 시간 고민했다. 우선 잠자는 동안 일어날지 모르는 대폭락에 대처하려면 장투보다는 단타 위주로 가야 하는 게 아닌가 싶었다. 최소한의 자금으로 최대한의 효율을 내려면 '저점 매수 고점 매도'의 기술을 익혀야 했다.

하지만 그 당시에는 비트코인을 전문적으로 하는 트레이더도 없었을뿐더러 지금보다도 더 사기꾼이 판치는 시장이었다. 입문한 지 일주일도 되지 않은 '코린이'가 기댈 곳은 그 어디에도 없었다.

퇴근 후 무작정 새벽까지 차트를 보면서 어느 시점에 내가 매수를 해야 하고 어느 시점에 매도를 해야 하는지를 눈으로 익혔다. 빗썸에 상장되어 있는 모든 코인을 하나하나 확인하면서 캔들의 모양, 캔들의 움직임, 차트의 형태, 호가창의 변화 등을 매일 살펴보았다. 그리고 적은 금액이지만 꾸준히 매수와 매도를 하면서 트레이딩 경험을 쌓았다.

운이 좋았던 것은 단타 난이도가 상당히 낮았을 때 단타 연습을 했다는 것이다. 지금 생각해보면 그때가 내 투자 인생에서 가장 운이 좋았던 시기가 아니었나 싶다. 대폭락으로 250만 원까지 내려갔던 원금을 하루 만에 단타로 500만 원까지 복구하는 기록을 세웠다.

대구은행? 스트라? 그게 뭔데?
폴로닉스/비트렉스 해외거래소에 눈뜨다

2017년에는 지금보다 비트코인에 대한 정보망이 열악했기 때문에 비트코인 커뮤니티가 몇 안 되었다. 나는 그중 한 곳인 '가상화폐당'을 자주 방문했다.

그러던 어느 날 가상화폐당에서 대구은행이라는 단어가 자주 언급되기 시작하였고, '400% 수익달성'과 같은 초보자를 혹 하게 하는 제목을 가진 글들이 올라오기 시작했다.

0	자유	대구은행 이벤트(?) 끝나고 SC 와 스트라티로 간 느낌이네요		1028	06-04
0	자유	대구은행 힘내라 영차 영차!! 1		552	06-04
0	자유	소시민인 저는 대구은행 2070에 사서 2		1279	06-04
0	자유	스트라 대구은행 이제 날아갈겁니다 5		1280	06-03
0	자유	대구은행 이제 무섭네요. 9		1490	06-03
1	자유	스트라 + 대구은행 조합이 너무 좋긴 한데		729	06-03
0	자유	스트라티스 + 대구은행 15		3695	06-03
0	자유	대구은행과 스트라티스, 시스 들어가고 싶은데 9		1447	06-03
0	질문	대구은행 미쳤네요 -_- 7		2284	06-02
0	자유	대구은행 brazzers 와 계약? DGB 폭등이네요 🖼 11		2527	06-02
0	자유	DGB가 정말 대구은행 코인줄 알았던 1인.. 9		3995	06-02
0	자유	대구은행과 strat 40%씩 먹고 나왔습니다 5		1806	06-02
0	자유	대구은행 원 일 있나요, 쌀발하게 오르네요 🖼 9		2039	06-02

도표 2-2 2017년 6월 대구은행과 스트라티스로 뜨거웠던 가상화폐당

대체 대구은행이 뭔데?' 하고 찾아보니 디지바이트(DGB)라는 알트코인의 약자가 대구은행의 약자인 DGB와 같아서 '대구은행'이라고 부르는 것을 알게 되었다. 주로 폴로닉스(당시만 해도 비트렉스보다는 폴로닉스를 많이 이용했다.)에서 거래된다는 것을 알게 되었다.

잠시 폴로닉스를 둘러본 나는 엄청나게 많은 코인과 미친 듯한 상승률을 보여주는 장에 푹 빠지게 되었다. 그리고 그때 시세로 약 1,000만 원 되는 금액을 폴로닉스로 송금했다.

하지만 처음 접한 폴로닉스의 거래 방식과 다양한 알트코인은 내게 크나큰 시련을 주었다. 또 정보 없이 봇들과 단타를 하다 보니 3.5비트로 호기 있게 찾아갔던 지갑은 3.75비트를 마지막으로 3비트까지 떨어지게 되었다.

도표 2-3 내게 큰 좌절을 주었던 디지바이트 코인 차트

나는 궁지에 몰리게 되면 한 코인에 '몰빵'하는 습관이 있다. 그때도 그 버릇이 나왔다. 나는 DGB 코인에 몰빵하기로 했다. 당시 시세가 약 1800사토시였다. 하지만 DGB는 이미 세력이 한바탕 휘젓고 나갔기 때문에 남은 것은 끝 모를 추락뿐이었다. 결국 3.5비트에서 2.04비트로 쓸쓸히 빗썸으로 다시 돌아올 수밖에 없었다.

다행히 그때 발생한 손실은 빗썸에서 단타로 다시 메꾸었다. 이후 '거래량이 많지 않은 코인에 몰빵하는 건 위험하다.'라는 값진 교훈을 얻었다.

내가 수익률이 높은데
왜 저 사람보다 못 벌까?

원금 손실이 주는 정신적인 충격이 생각보다 크다는 걸 몸소 경험한 나는 무슨 일이 있어도 원금만은 지켜야겠다고 생각했다. 그리고 굉장히 소심하게 자금을 굴리기 시작했다. 500만 원을 투자해서 단타로 50만 원 정도를 벌면 바로 통장에 이익금을 빼고 다시 500만 원으로 단타를 치는 전략을 고수한 것이다. 이렇게 수익을 내도 정말 신세계 같았고 하루하루가 행복했다. 2017년 8월 말 내 수익률은 8배로 약 4,000만 원이었다.

하지만 어느 날 가상화폐당에서 어떤 분이 올린 수익 인증글을 보고 큰 충격을 받았다. 나와 비슷한 시작 금액으로, 나보다 늦게 시작했는데도 수익금은 나와 굉장히 차이 나게 많았기 때문이다. 대체 무엇이 문제인지 깊은 고민에 빠졌다. 마침 9~10월에 개인적인 사정으로 잠시 가상화폐를 떠나 있던 참이라, 차분히 그동안의 내 매매 패턴을 냉정하게 돌아볼 수 있었다. 그리고 이를 계기로 나는 비트코인 투자에서 크나큰 전환점을 맞게 되었다.

복리를 깨치고
그 효과를 체험하다

비슷한 투자금에 더 늦게 시작했는데 나보다 많은 수익금을 낸 투자자와 나의 차이점은 딱 한 가지였다. 바로 수익금의 재투자였다.

'복리의 마술'이라는 말을 들어보았는가? 나는 복리의 효과를 누리지 못했고 그 투자자는 복리의 효과를 누렸던 것이다.

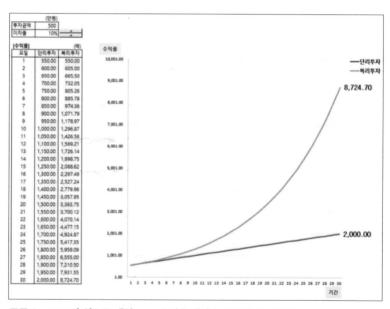

도표 2-4 500만 원으로 매일 10% 수익을 낸다고 가정할 때 단리와 복리의 이익률 차이

물론 이 방법은 수익금을 그대로 재투자하는 방법이기 때문에 반대로 말하면 손해가 발생할 경우 손실금이 굉장히 크다는 리스크가 있다. 하지만 단타 승률이 꽤 높았던 나는 과감하게 수익금을 빼지 않고 재투자하기로 했다.

　　9월에 장을 잠시 떠나면서 모든 투자금을 인출했던 나는 11월 초 다시 비트코인을 시작하면서 빗썸 거래소에 1,500만 원을 넣었다. 그러고 나서 며칠 뒤, 대한민국을 떠들썩하게 했던 비트코인캐시 대란의 한복판에 서게 되었다.

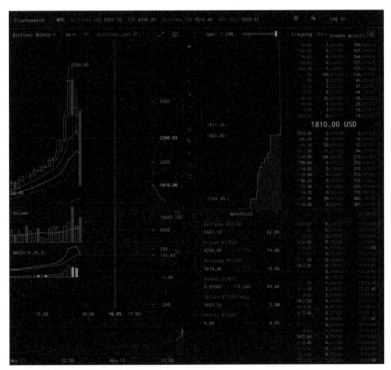

도표 2-5 2017년 11월 12일의 비트코인캐시 대란

거기서 하루 만에 큰 수익을 얻은 나는 11월 말에 오픈한 업비트 거래소에 2,900만 원을 가지고 시작하면서 한 달 만에 10억 원 가까이 버는, 지금 생각해도 믿기지 않는 놀라운 결과를 만들 수 있었다. 수익금을 재투자하여 복리로 굴렸기 때문에 가능했던 것이다. 잃지 않는 매매를 바탕으로 복리 효과를 누리는 매매를 해야 한다.

이렇게 몸소 깨달은 요령을 통해 점차 수익을 불려 나갔고, 2017년 5월 말에 원금 500만 원으로 시작한 나는 2018년 1월에 15억 원을 달성하게 되었다. 2019~20년은 수술과 건강상의 이유로 잠시 코인판을 떠났다가 2021년 1월, 원금 4,000만 원을 들고 다시 코인판에 복귀했다. 2021년 6월 1일 현재 12억 원 이상의 순수익(수익률 3,000%)을 달성했다.

이제 다음 장부터는 비트코인 단타를 치기 위한 공부법과 단타 기법에 대해 본격적으로 살펴보겠다.

복잡한 차트,
쉽게 공부하는 법

이론을 전혀 몰라도
차트를 볼 수 있다?

보통 투자할 때 가장 먼저 보는 것이 차트이다. 사람들은 차트를 통해 해당 코인의 현재 추세를 가늠해 진입할 시점을 찾는다. 하지만 처음 코인을 접하는 사람이라면 엘리어트 파동, 하이킨아시, 피보나치 되돌림 등과 같이 복잡한 이론과 차트 패턴에 지레 겁을 먹고 차트 공부를 포기하기 십상이다.

복잡하고 다양한 이론과 차트 패턴에 지레 겁먹을 필요는 없다. 얼핏 보면 복잡해 보이지만 결국 과거 데이터를 모아 유사성을 찾아 하나의 공식으로 만들어놓은 것이기 때문이다. 즉 과거의 패턴들을 눈에 익히고 그것을 현재 상황에 대입할 수 있는 정도면 "차트를 볼 수 있다."라고 말할 수 있다.

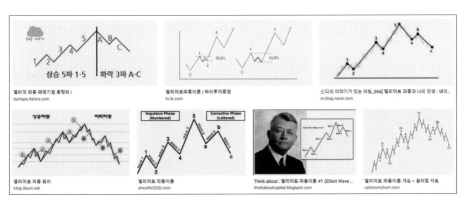

도표 3-1 차트 공부할 때 빠지지 않는 엘리어트 파동 이론과 피보나치 되돌림

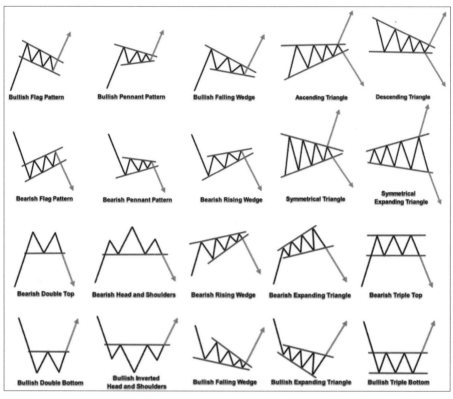

도표 3-2 다양한 차트 패턴

어떤 식으로 차트를 공부해야 할까?

그렇다면 어떻게 비트코인 공부를 시작해야 할까? 방법은 아주 간단하다. 잦은 매매를 통해 내 머리가 기억하게 하면 된다. 영어 공부를 예로 들어보자. 영어를 공부하는 방법은 사람마다 다르지만, 크게 두 가지로 나눌 수 있다. 하나는 책상에 앉아 문법이나 단어 등을 열심히 공부하여 실력을 늘리는 것이고, 다른 하나는 자주 사용하면서 자연스럽게 배우는 것이다.

차트 공부도 마찬가지이다. 수많은 차트를 매일같이 보면서 차트의 패턴을 관찰하고 눈에 익히다 보면, 어느 순간 익숙한 차트들의 모양이 하나씩 보이고 그다음에 생성될 캔들의 방향이 자연스럽게 머릿속에 떠오를 것이다.

그럼 무작정 차트를 하루 종일 보면 될까? 정답은 "그렇다."이다. 하지만 그렇게 공부하기에는 너무 비효율적이고 막연하니 여기에서 어떤 식으로 차트를 공부해야 하는지에 대해 이야기해보겠다.

차트 패턴 보기

첫 번째 단계는 차트 패턴을 보는 것이다. 여기서 말하는 차트의 패턴은 캔들의 형태와 움직임을 의미한다. 도표 3-3과 같이 차트의 캔들 패턴을 보면서 눈으로 익히는 게 첫 번째 단계이다.

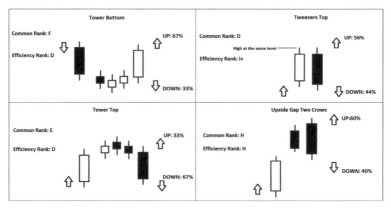

도표 3-3 여러 가지 캔들 패턴

첫 번째 단계에서 가장 중요한 것은 어떤 패턴이 나왔을 때, '평균적으로 상승할 확률이 높다.', '평균적으로 상승할 확률이 낮다.' 등을 파악하는 것이다.

예를 들면 도표 3-4를 보고 '아래꼬리를 계속 그리면서 지지하는 경우, 반등이 올 확률이 높다.'라고 머릿속에 곧바로 떠올리는 것이다.

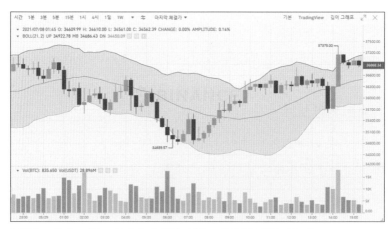

도표 3-4 아래꼬리를 그리면서 지지하는 경우 - 반등이 올 확률이 높다.

결론적으로 말하자면 매일같이 수십 가지의 코인 차트를 보면서 그 차트 속에 나오는 패턴들을 보면서 자연스럽게 기억에 남도록 하는 것이 중요하다.

유기적으로 변화하는 패턴을 빠르게 파악하기

두 번째 단계는 변화하는 패턴을 빠르게 파악하는 것이다. 비트코인은 주식과 다르게 시장이 24시간 동안 열려 있기 때문에 움직임이 굉장히 역동적이다. 또한 코인은 가치를 객관적으로 판단하기 힘들고, 대부분 세력이나 개미들의 투자 심리에 의해 가격이 결정되는 경우가 많기 때문에 그들의 생각을 읽으려고 노력해야 한다.

나는 차트를 공부할 때 무조건적인 암기를 권장하지 않는다. 과거에는 상승하는 패턴이었더라도 어느 순간 보면 하락으로 전환되는 경우가 태반이기 때문이다. 한 가지 예를 들어보겠다. 도표 3-5는 내가 정말 좋아하는 패턴 중 하나인 '2단 고음 차트'의 가능성을 보여주는 차트이다.

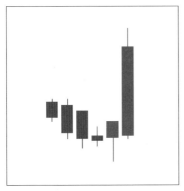

도표 3-5 2단 고음의 가능성이 있는 차트

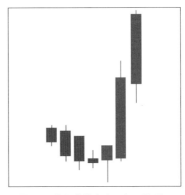

도표 3-6 상승장에서의 2단 고음 차트

과거 상승장에서의 패턴을 돌이켜보면, 도표 3-5와 같은 차트 형태는 도표 3-6처럼 오를 확률이 굉장히 높다.

하지만 상승장이 아닌, 하락장이라면 어떻게 될까? 바로 도표 3-7과 같은 형태(일명 설거지)를 보여준다. 즉 같은 패턴을 보여주더라도 그 당시 장세의 분위기에 따라 상승할 수도, 하락할 수도 있기 때문에 단순히 차트의 패턴을 보면 안 된다.

상황에 따라 변화하는 차트에 대응하는 능력, 즉 빠르게 장세를 캐치하고 그 장세에 맞는 차트를 적용하는 능력을 기르는 데 포인트를 주고 공부해야 한다.

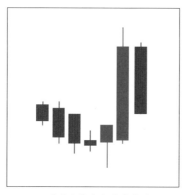

도표 3-7 하락장에서의 설거지 차트

단타를 칠 때 단기 방향을 예측하는 법

나는 단타를 칠 때 보통은 머릿속에 익혀둔 차트 패턴으로 차트의 방향을 예측한다. 하지만 장세에 따라 차트의 패턴이 바뀔 수 있기 때문에 한 가지 기법을 더 추가해서 차트를 봐야 한다. 그것이 바로 차트의 단기 방향을 예측하는 법이다.

이 기술의 가장 큰 핵심은 바로 포위망을 좁혀 나가듯이 숲에서 나무를 보는 것이다. 구체적으로 말하면 '일봉 → 4시간 봉 → 1시간 봉 → 30분 봉 → 15분 봉 → 5분 봉' 순으로 포위망을 좁히듯 차트를 보는 것이다. 비트코인 선물 차트를 예로 들어 설명해보겠다.

먼저 일봉 차트를 보자(도표 3-8 참조). 파란색 박스 안을 살펴보면 캔들의 모양이 긴 아래꼬리를 여러 번 그리면서 반등을 시도하는 모습이며, 데드켓 반등이 온 이후 바닥을 지지하며 상승하려는 모습을 보여준다.

그러면 여기서 이렇게 판단을 내릴 수 있다. '아, 일봉이 바닥을 지지하고 상승하려는 모습을 보여주고 있구나? 그렇다면 적어도 하루나 이틀 안에는 큰 폭의 하락은 나오지 않을 확률이 높겠어.'라고 말이다. 즉 하락보다는 상승에 무게를 좀 더 주는 것이다.

도표 3-8 비트코인 선물 일봉 차트

이번에는 4시간 봉을 보자(도표 3-9 참조). 4시간 봉이 6개 모이면 일봉이 되기 때문에, 상승 추세에 있는 일봉이 되려면 4시간 봉 역시 상승 곡선을 그려야 한다. 실제로 차트를 보면 상승 곡선을 그리는 것을 알 수 있다.

여기까지는 일봉과 큰 차이가 없어 보인다. 하지만 4시간 봉에서는 일봉에서 볼 수 없었던 것을 볼 수 있다. 마지막 4시간 봉을 보면 이전 봉과 다르게 상승 동력이 약해지면서 음봉으로 전환하려는 모습을 보여준다. 즉 여기서 우리는 '전체적으로는 상승 추세를 이어갈 수 있지만, 단기적으로 조정을 받을 수 있겠구나.'라고 예측해볼 수 있다.

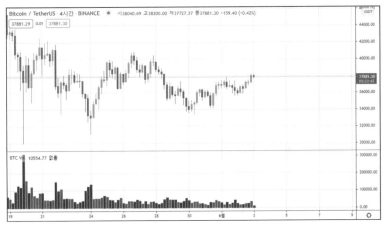

도표 3-9 비트코인 선물 4시간 봉 차트

다음은 1시간 봉을 보자(도표 3-10 참조). 4시간 봉은 1시간 봉이 4개 합쳐져서 만들어진다. 그러므로 1시간 봉은 4시간 봉보다 좀 더 많은 정보를 가지고 있을 확률이 높다.

도표 3-10을 보면 상승이 둔화된 것은 맞지만, 아래꼬리를 그리면서 추가 하락을 막고 있는 듯한 모습이다. 즉 하락세가 둔화되고 있음을 알 수 있다. 이를 근거로 '큰 흐름은 상승이지만, 지금은 단기 조정이 온 상태이고, 그 조정이 곧 끝나가는 것 같다.'라는 판단을 내릴 수 있다.

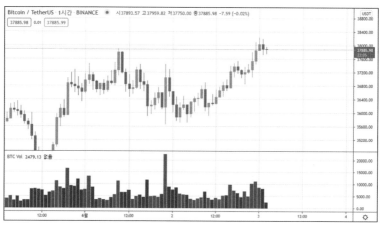

도표 3-10 비트코인 선물 1시간 봉 차트

다음은 30분 봉을 보자(도표 3-11 참조). 30분 봉으로 1시간 봉에서 보지 못했던 것을 볼 수 있다. 30분 전에는 하락 추세였지만, 지금은 상승 추세로 전환이 된 것을 볼 수 있다. 즉 1시간 봉까지만 봤을 때는 '하락 추세가 약해진다.'라는 것 정도만 알 수 있다면, 30분 봉까지 봤을 때는 '하락 추세가 끝나고 반등이 오는구나.'라는 판단을 내릴 수 있다.

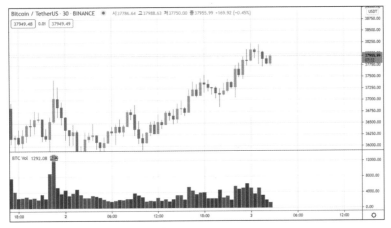

도표 3-11 비트코인 선물 30분 봉 차트

다음은 15분 봉을 보자(도표 3-12 참조). 15분 봉은 두 틱 연속으로 상승세를 보여주면서 단기 상승에 무게를 실어주고 있다. 여기서 또 한 가지 주의 깊게 봐야 하는 것은 바로 차트 하단에 있는 거래량이다. 앞에서 37995를 돌파할 당시의 거래량보다, 지금 단기 반등할 때 거래량이 굉장히 적은 것을 볼 수 있다.

나는 이러한 현상을 매도 수량이 줄어드는 것으로 판단하고 단기 상승에 좀 더 가중치를 주는 편이다. 숏 포지션 물량이 줄어들었기 때문에 적은 거래량으로도 가격을 올릴 수 있었다라고 생각하기 때문이다.

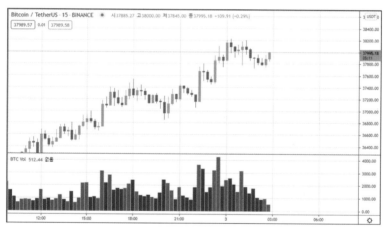

도표 3-12 비트코인 선물 15분 봉 차트

그렇다면 5분 봉은 어떨까(도표 3-13 참조). 5분 봉은 단기적인 반등 이후 38,000달러에서 저항을 받고 있는 듯한 모습을 보여준다. 하지만 앞의 큰 그림을 봤을 때 '현혹성 저항일 확률이 높다.'라고 판단할 수 있다. 즉 내가 37,900달러에 진입했다 하더라도 앞에서 분석한 데이터에 믿음이 있으면 살짝 조정이 와도 버틸 수 있는 근거가 되는 것이다.

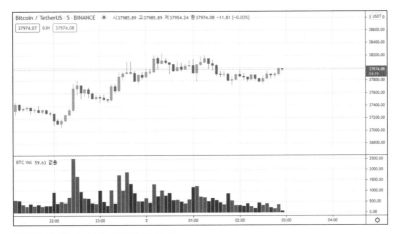

도표 3-13 비트코인 선물 5분 봉 차트

마지막으로 1분 봉을 보자(도표 3-14 참조). 결과를 확인해보기 위해 도표 3-13 차트의 5분 뒤를 1분 봉으로 세밀하게 쪼개서 보겠다. 예측한 대로 얼마 지나지 않아 38,000달러를 뚫고 상승하는 것을 볼 수 있다.

도표 3-14 1분 봉으로 본 차트의 미래 모습 - 반등이 맞았다.

이와 같이 여러 시간대의 차트를 보면서 코인의 전체적인 흐름을 읽고 단기 방향을 예측한다면 생각보다 적중률을 높일 수 있다. 여기에 매일 익힌 차트 패턴을 접목한다면, 단기 방향으로도 적중률이 더욱더 높아질 것이다. 이런 연습을 반복하면 차트를 대충 보아도 단기 방향을 어느 정도 예측하는 단계까지 이르게 될 것이다.

단타 매매 기법 1:
5분 봉 3틱 룰

5분 봉 3틱 룰이란?

5분 봉 3틱 룰은 상승이 온 뒤 조정이 왔을 때, 반등 지점(단기 바닥)을 찾는 방법이다. 단타를 할 때 가장 안정적으로 수익을 내는 방법은 '상승 → 하락 → 반등'이라는 패턴에서 반등하는 지점을 가급적 정확하게 잡는 것이다.

하지만 단타 경험이 많지 않은 초보자라면, 어느 지점에서 매수를 해야 할지 판단하기가 어렵다. 또한 코인판은 기본적으로 변동성이 굉장히 크기 때문에, 자칫 너무 빨리 진입했다가는 큰 손해를 볼 우려가 있다.

5분 봉 3틱 룰은 기본적으로 하락이 오면 반등이 온다는 것을 전제로 반등이 자주 오는 코인의 패턴을 분석하여 하나의 공식으로 만든 것이다.

또한 5분 봉 3틱 룰은 시장 상황에 맞게 진입 시점을 강제적으로 늦춰주어 고점에서 물리는 것을 방지한다. 주로 5분 봉, 15분 봉을 사용하지만, 상황에 따라서는 30분 봉까지도 사용할 수 있다.

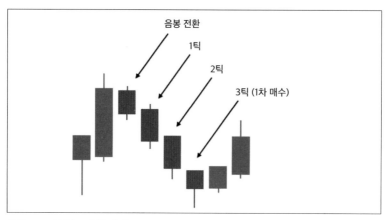

도표 4-1 5분 봉 3틱 룰의 예

5분 봉 3틱 룰의
기본 규칙

5분 봉 3틱 룰의 기본 규칙은 다음과 같다.

규칙 1

양봉에서 음봉으로 전환할 때 카운팅하지 않는다.

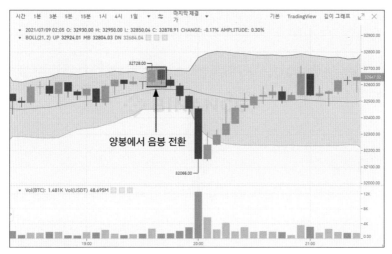

도표 4-2 5분 봉 3틱 룰의 규칙 1 예

규칙 2

1의 상황에서 음봉이 이전 봉들의 평균보다 월등히 클 경우 1틱으로 인정한다.

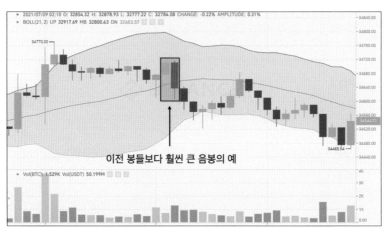

도표 4-3 5분 봉 3틱 룰의 규칙 2 예

규칙 3

음봉 이후, 이전 음봉 대비 일정 크기 이상 차이가 나게 되면 1틱으로 인정해준다. 단, 이전 봉 마감가보다 높거나 큰 차이가 없으면 같이 묶어주고 틱으로 치지 않는다.

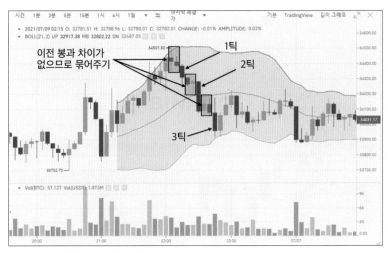

도표 4-4 5분 봉 3틱 룰의 규칙 3 예

규칙 4

조금 더 안전하게 하고 싶다면, 해당 분봉이 끝나고 다음 분봉이 갱신된 후, 움직이는 방향을 보고 매수에 들어가도 좋다.

규칙 5

1차 매수 이후, 규칙 3의 조건에 맞는 음봉이 나오면 분봉이 끝나가기 직전에 2차 매수에 들어간다.

5분 봉 3틱 룰 적용

5분 봉 3틱 룰의 규칙을 차트에 대입해보겠다(도표 4-5 참조).

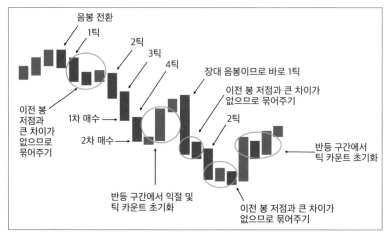

도표 4-5 차트에 5분 봉 3틱 룰 적용 예

캔들 안에서
언제 매수를 해야 할까?

　5분 봉 3틱 룰을 사용할 때, 같은 3틱에 매수하더라도 도표 4-6에서 보듯이, 캔들 안에서 어느 시점에 매수를 하느냐에 따라 수익률이나 안정성 측면에서 크게 차이가 나게 된다.

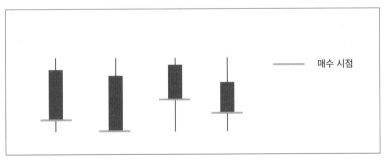

도표 4-6 매수 시점에 따른 수익률과 안정성의 차이

　그러므로 나는 초보자에게는 3틱째 캔들이 생성되고 나서 마감이 될 때까지 기다렸다가 3틱 캔들이 마감하는 시점에 캔들 모양을 보고 진입하거나(5분이 거의 다 되었을 쯤) 아예 4틱 캔들이 생기는 것을 보고 진입하라고 권한다.

　하지만 도표 4-7과 같이 아래 꼬리를 길게 그리다가 다시 올라오는 경우도 많다. 그러므로 보다 더 적극적으로 진입하고 싶고, 이전 봉 대비 충분히 하락되었다는 판단이 들면, 5분이 다 끝나지 않더라도 매수해도 된다. 다만 이런 공격적인 방법은 상승장 혹은 단기 거래량이 폭발하는 지점에서만 사용하는 것을 권장한다. 보통은 5분이 끝나고 다음 봉이 갱신되는 것을 보면서 들어가는 것이 안전하다.

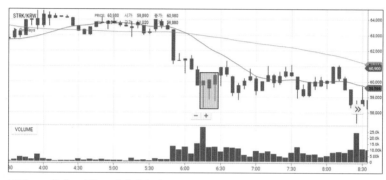

도표 4-7 아래꼬리를 그리면서 올라오는 경우 - 생각보다 많다.

언제 5분 봉, 15분 봉을 써야 할까?

기본적으로 5분 봉은 비트코인이 단기간에 큰 폭으로 하락하거나 특정 코인만 별다른 이유 없이 갑자기 많이 빠진 경우에 사용한다.

도표 4-8 일반적인 상황에서의 5분 봉 3틱 룰

도표 4-9 단기간 급락하는 상황에서의 5분 봉 3틱 룰

15분 봉, 30분 봉은 비트코인을 비롯한 모든 코인의 매수 심리가 죽어 있고(거래량과 변동성이 없는 장) 가격이 천천히 흐르는 장에서 사용한다. 도표 4-10을 보면 같은 차트라도 어느 분봉을 사용하여 진입하느냐에 따라 결과가 크게 달라짐을 알 수 있다.

이렇듯 상황에 맞는 분봉을 사용하기 위해서는 그날의 전체적인 코인 흐름(장세)을 읽는 능력이 매우 중요하다. 이 능력은 많은 매매 경험을 통해 얻을 수 있다. 그러므로 소액이라도 매매를 해보면서 경험을 쌓는 것이 중요하다.

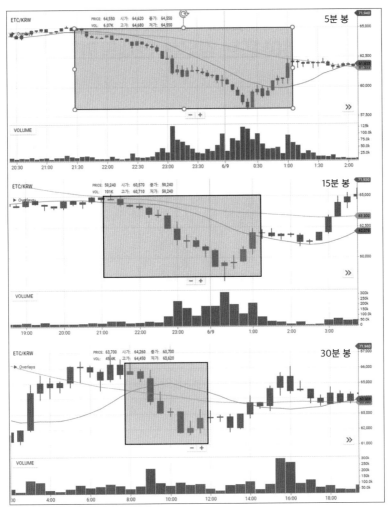

도표 4-10 분봉별 진입 시점의 차이 - 분봉에 따라 진입 시점이 크게 달라지며 평단도 큰 차이를 보인다.

음봉 사이에
양봉이 뜨는 경우는 언제일까?

도표 4-11과 같이 흐름을 깨지 않는다면 이전 봉과 묶어서 하나의 캔들로 본다.

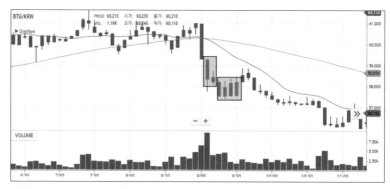

도표 4-11 음봉 사이에 양봉이 뜨는 경우 - 흐름을 깨지 않는다면 양봉이어도 앞의 캔들과 묶어서 계산한다.

하지만 도표 4-12와 같이 흐름을 깰 정도의 상승이 나온다면, 틱을 초기화해서 다시 시작한다. 이때 흐름이 깨졌음을 확인하는 보편적인 방법은 하락 대비 현재 상승폭을 보는 것이다. 단기 하락 시작 이후, 저점을 찍고 단기 하락 대비 포인트 대비 20~30% 이상 올라갔다면 흐름이 깨졌다고 보고 관망하는 편이다. 초보 투자자에게 한 가지 조언하자면, 음봉을 깨는 양봉이 나왔는데 그 차트가 판단하기 조금 애매하다면 그때는 진입하지 말고 상상 매매만 하면서 관망하도록 하자. 어정쩡하게 진입해서 물릴 바에는 차라리 진입을 안 하는 것이 낫다.

도표 4-12 음봉 사이에 양봉이 뜨는 경우 – 흐름을 깰 정도의 상승이 나왔다면 틱을 초기화한다.

이전 봉 대비 긴 음봉을
1틱으로 보는 경우는 언제일까?

이전 봉 대비 긴 음봉을 1틱으로 보는 경우가 언제인지에 대해서는 경험을 바탕으로 다양한 상황에 맞게 들어가야 하므로 몇 가지 실제 사례를 들어 설명해보겠다.

먼저 일반적인 상황에서 자주 볼 수 있는 이전 봉 대비 긴 음봉이다(도표 4-13 참조). 이전 양봉보다 굉장히 큰 차이가 나는 음봉이 발생했기 때문에 양봉에서 음봉으로 전환했지만 바로 1틱으로 계산해준다.

도표 4-13 이전 봉 대비 긴 장대 음봉의 경우 - 1틱으로 바로 인정한다.

다음은 위아래로 크게 움직인 양봉 이후 음봉이 나온 경우이다(도표 4-14 참조). 이 경우, 이전 캔들의 평균 크기와 큰 차이가 나지 않는 음봉이지만, 바로 전 양봉이 위아래로 크게 움직이면서 거래량을 보여주고 내려온 상태이므로 단기 조정의 압박을 받았을 가능성이 있다고 판단하여 첫 음봉부터 1틱을 넣어주는 것이 좋다.

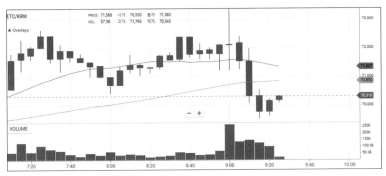

도표 4-14 위아래로 크게 움직인 양봉 직후에 나온 음봉 – 1틱으로 친다.

3틱 진입 후, 지속적인 하락이 오면 어떻게 해야 할까?

앞에서 코인 흐름에 따라 5분 봉, 15분 봉, 30분 봉을 유기적으로 사용해야 한다고 했다. 하지만 평범하던 장세가 갑자기 급변하는 경우도 종종 있다. 이럴 때는 어떻게 해야 하는지 도표를 보며 설명해 보겠다.

먼저 정상적인 상황에서 5분 봉을 통해 접근했다고 가정해보자(도표 4-15 참조).

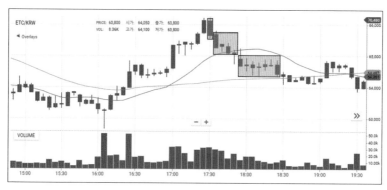

도표 4-15 정상적인 상황에서 5분 봉 3틱 룰 적용

그런데 도표 4-16과 같이 갑자기 장세가 변하여 반등이 오지 않는 지속적인 하락 혹은 급격한 하락이 발생한다면 어떻게 될까?

도표 4-16 반등이 오지 않고 횡보 후 급격한 하락이 발생한 모습

이럴 때는 5분 봉이 아닌 15분 봉으로 전환하여 15분이 지날 때마다 1틱을 계산해준다. 도표 4-17과 같이 5분 봉으로 진입한 구간(녹색), 관망하는 횡보 구간(주황색), 15분 봉으로 진입하는 구간(보라색)으로 나눌 수 있다. 이렇게 진입하게 되면, 장시간 하락하는 장에서도 충분히 안정적으로 매수에 들어갈 수 있다.

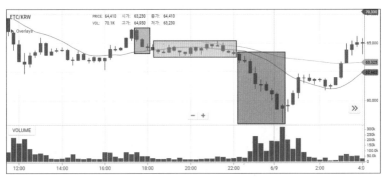

도표 4-17 5분 봉, 15분 봉을 적절하게 조합하여 사용한 예

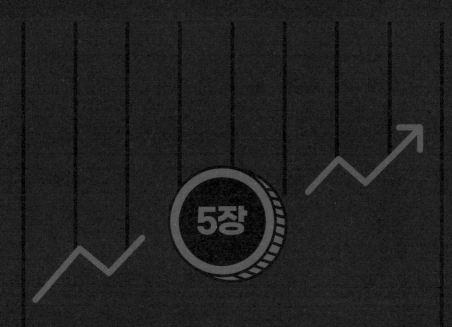

단타 매매 기법 2:
찐바닥 잡기

찐바닥 잡기란?

전체적인 장세가 상승 혹은 횡보할 때 조정이 오는 코인의 단기 바닥을 찾는 공격적인 스킬이 5분 봉 3틱 룰이라면, 찐바닥 잡기는 보수적인 스킬이다. 보수적으로 진입 시점을 판단하되, 찐바닥이라 생각되면 평소보다 많은 수량을 매수하여 이익을 극대화하는 전략이다.

찐바닥 잡기 역시 5분 봉 3틱 룰과 마찬가지로 하락이 오면 반등이 온다는 것을 전제로 만들어졌다. 기본적인 개념은 매도세가 약해지면서 바닥을 지지하는 듯한 차트를 그릴 때까지 매수하지 않고 기다리다가 상승으로 전환하려는 시점에서 매수하는 것이다. 나는 주로 5분 봉으로 캔들을 보지만, 상황에 따라 1분 봉, 3분 봉으로 보면서 바닥을 찾아도 된다.

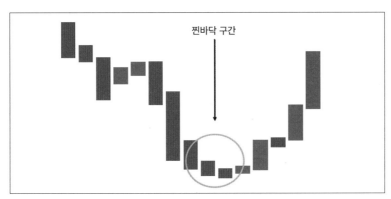

도표 5-1 찐바닥 잡기 - 하락세가 약해지면서 바닥을 지지하는 구간을 찾는다.

찐바닥 잡기
기본 규칙

찐바닥 잡기의 기본 규칙은 다음과 같다.

규칙 1

단타 도중에 반등 없이 하락세가 길게 이어지면 더 이상 매수하지 않고 관망한다.

도표 5-2 찐바닥 잡기-상승할 줄 알았지만 하락세로 추세가 전환하면 매수하지 않는다.

규칙 2

매도세가 약해지는 지점을 찾는다. 이를 판단하는 기준 세 가지는 다음과 같다.

첫째, 캔들의 길이가 점점 짧아지면서 매도세가 약해진다.

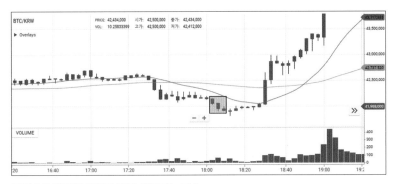

도표 5-3 캔들의 길이가 점점 짧아지는 모습

둘째, 이전 캔들의 종가와 현재 캔들의 종가가 거의 차이가 나지 않거나 높아진다.

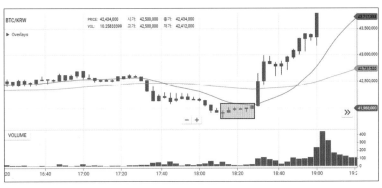

도표 5-4 캔들의 종가가 이전 종가보다 큰 차이가 나지 않거나 높아지는 모습

셋째, 캔들이 아래꼬리를 그리면서 마감하기 시작한다.

도표 5-5 아래꼬리를 그리면서 바닥을 지지하는 듯한 느낌을 주는 모습

규칙 3

5분 봉을 통해 매도세가 약해지는 것을 판단했다면 1분 봉과 3분 봉을 통해 교차 검증에 들어간다.

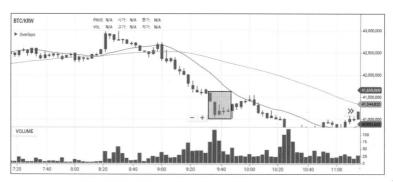

도표 5-6 도표 5-5와 동일한 구간을 3분 봉으로 본 모습

80

규칙 4

바닥이라고 확인했다면 평소보다 더 많은 수량으로 매수에 들어간다.

규칙 5

바닥을 지지하지 못하고 다시 아래로 내려간다면 재빠르게 손절하고 다시 바닥을 잡는다.

도표 5-7 위로 꼬리를 그리면서 상승에 실패하기 때문에 추가 하락이 올 수 있는 구간

찐바닥 잡기 적용

이제 찐바닥 잡기를 적용해보자. 먼저 도표 5-8과 같이 기본적으로 5분 봉 3틱 룰 혹은 다른 기법을 통해 단기 바닥이라고 생각하는 지점에서 매수에 들어갔다고 가정한다.

단기 바닥이라고 생각했던 지점보다 아래로 더 빠질 경우, 재빠르게 이상함을 감지하고 더 이상 매수하지 않은 상태로 관망하는 것이 좋다. 그다음에 매도세가 약해지면서 바닥을 지지하는 느낌을 줄 때까지 추가 매수나 매도하지 않고 기다린다. 바닥을 지지한다는 판단이 서면, 평소 매수하는 수량보다 더 많은(최소 2배 이상) 수량을 매수한다. 그럼으로써 평단을 크게 낮출 수 있으며, 반등이 왔을 때 낮아진 평단으로 인해 쉽게 탈출할 수 있다.

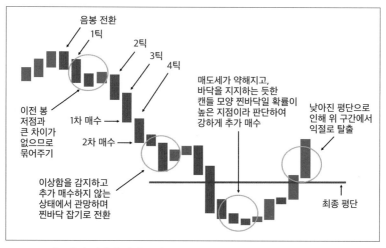

도표 5-8 차트에서 찐바닥 잡기 스킬 활용 예

처음부터 1분 봉으로
바닥을 보면 안 될까?

    1분 봉은 누적 데이터의 양이 너무 적기 때문에 변동성이 클 때 차트 모양이 도표 5-9처럼 어지럽다. 그렇게 되면 차트의 방향을 예측하기가 어렵기 때문에 최소한 5분 봉으로 큰 방향을 먼저 확인한 뒤, 내가 생각한 방향과 맞는지 좀 더 세밀하게 보는 용도로, 초단타를 위한 용도로 1분 봉을 보는 것이 좋다. 하지만 나는 1분 봉을 거의 사용하지 않는 편이며, 초보 투자자에게는 최소 3분 봉 이상의 봉으로 연습하라고 권한다.

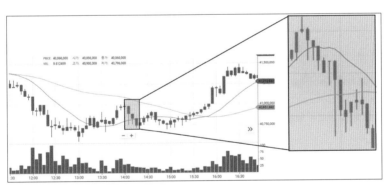

도표 5-9 5분 봉 구간(좌)을 1분 봉(우)으로 봤을 때 차이

매수 금액은 어느 정도가 적당할까?

매수 금액은 상황에 따라 다르지만 두 가지 상황을 가정해보겠다. 첫째는 이미 시드가 들어가 있는 상황이다. 이때는 현재 들어가 있는 매수 총금액과 유사하게 혹은 2배 이상을 넣어서 평단을 최대한 낮추고 반등이 왔을 때 빠르게 탈출한다.

도표 5-10 강하게 물을 타서 작은 반등에서도 탈출하는 예

둘째는 무포지션에서 장세가 좋지 않은 상황이다. 이때는 처음부터 찐바닥이 올 때까지 기다렸다가 찐바닥이라고 생각하는 지점에서 매수한다. 평소 분할 매수로 진입하는 비중보다 2~3배 많은 수량으로 진입하면 된다.

찐바닥이라고 생각했는데,
아니었다면 어떻게 해야 할까?

찐바닥 잡기는 기존보다 매수 수량을 많이 하여 이익을 극대화하는 전략이다. 만약 찐바닥이라고 잡은 지점이 도표 5-11처럼 무너진다면 재빠르게 매수한 수량만큼 손절하고 다시 찐바닥을 잡는 것이 중요하다. 보통은 도표 5-11처럼 위로 꼬리를 그리면서 상승에 실패하는 경우 혹은 바닥을 너무 오래 다지면서 못 올라가는 경우에 재차 하락이 발생할 확률이 높다.

도표 5-11 하락 이후 상승하지 못하고 횡보가 길어질 경우 - 재차 하락할 가능성이 높다.

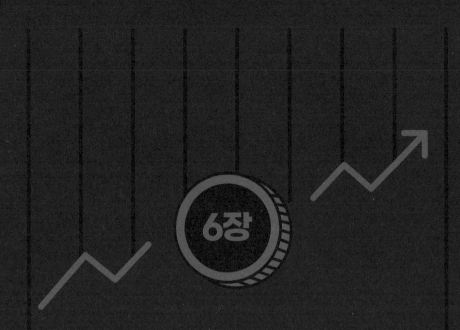

단타 매매 기법 3:
순환매수매도

순환매수매도란?

    5분 봉 3틱 룰과 짠바닥 잡기가 바닥을 잘 잡아서 수익을 극대화하는 기법이라면, 순환매수매도는 바닥을 잘못 잡았을 때 혹은 갑자기 가격 조정이 왔을 때 대응하는 기법으로 일명 '순환매'라고도 한다. 흔히 알고 있는 물타기 기법을 응용한 것으로, 단기 파동을 먹으면서 평단을 빠르게 낮추고 중간중간 시드를 정리해주면서 시드가 묶이는 것을 방지하는 것이 포인트이다.

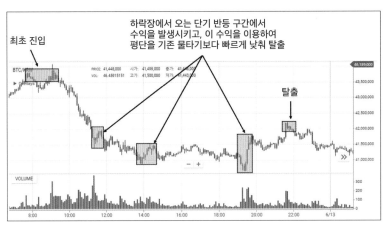

도표 6-1 순환매의 기본 정의

기본적으로 순환매는 도표 6-2에서도 알 수 있듯이 단기 바닥과 단기 고점을 얼마나 정확하게 찾고 대응하느냐에 따라 효과가 많이 차이 난다. 초보자는 사용하기 쉽지 않은 고급 기술이다. 그러므로 순환매를 사용하기 전에 단기 바닥과 단기 고점을 잘 찾는 연습을 꾸준히 하는 것이 중요하다.

도표 6-2 실제 차트에서 순환매수매도의 적용 예

순환매가 물타기와 가장 다른 점이자 장점은 중간중간 반등이 오는 구간에서 추가 매수한 물량을 다시 판매하기 때문에 많은 시드가 묶이지 않고, 단기 반등만큼의 이익을 얻을 수 있다는 점이다. 현물의 경우, 내가 잘못 샀을 때도 오랜 기간 묵혀두고 원금이 올 때까지 버틸 수 있다. 하지만 선물의 경우, 지속적인 물타기를 하면 증거금이 줄어들어 청산가가 올라가는 문제가 발생한다. 그러나 순환매는 중간중간 추가 매수한 물량을 판매하면서 추세를 따라가기 때문에 리스크 관리 측면에서 물타기보다 유리한 점이 있다.

　다만 여느 단타 스킬과 마찬가지로 반등이 오지 않는 하락장 혹은 변동성이 적은 장에서는 사용하기 힘들다는 단점이 있다(도표 6-3 참조).

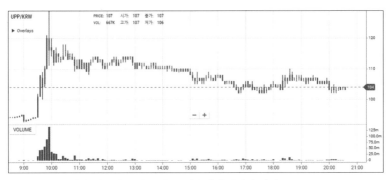

도표 6-3 거래량과 변동성이 없는 경우 - 사용하지 말아야 한다.

순환매수매도
기본 규칙

순환매의 기본 규칙은 다음과 같다. 여기서는 현물과 상승에 베팅하는 롱 포지션을 예로 들어보겠다.

규칙 1

포지션을 잡은 상태에서 가격이 급격하게 하락하면, 5분 봉 3틱 룰이나 찐바닥 잡기로 바닥을 찾아 추가 매수를 진행한다. 매수 비중은 자신이 현재 잡고 있는 물량(동일 수량)만큼 잡는 것이 가장 좋다. 이때 도표 6-4와 같이 차트의 변동성이 있다면 순환매하기 좋은 환경이라고 보면 된다.

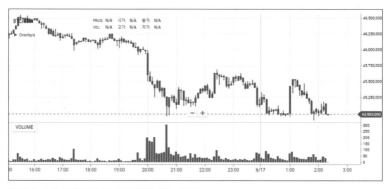

도표 6-4 순환매하기 좋은 변동성 있는 차트

규칙 2

반등이 오면 규칙 1에서 추가 매수한 수량만큼 다시 매도한다. 이
때 두 가지 상황이 만들어지는데, 내 평단보다 높게 반등이 온 경우
와 내 평단보다 낮게 반등이 온 경우이다.

첫째, 내 평단보다 높게 반등이 온 경우(도표 6-5 참조)는 크게 문제
될 것이 없다. 내 평단보다 높게 올라와 있기 때문에 원하는 시점에
서 이익을 실현하면 된다.

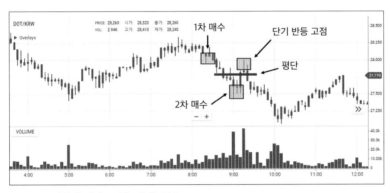

도표 6-5 반등이 평단보다 높게 온 경우

둘째, 내 평단보다 낮게 반등이 온 경우(도표 6-6 참조)는 단기 반등
고점에 2차 매수한 물량을 판매하게 되면 내 평단보다 낮게 판매하
였기 때문에 '(단기 반등 고점 가격 − 평단) × 2차 매수 수량'만큼의 실
현 손익이 발생하게 된다. 즉 평단은 낮아졌지만 2차 매수한 물량을
평단보다 낮게 판매함으로써 눈에 보이지 않는 손해가 발생하게 되
는 것이다.

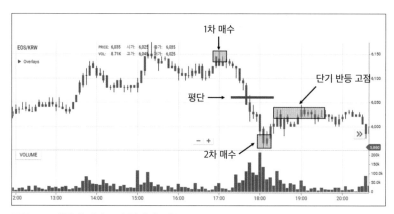

도표 6-6 반등이 평단보다 낮게 온 경우

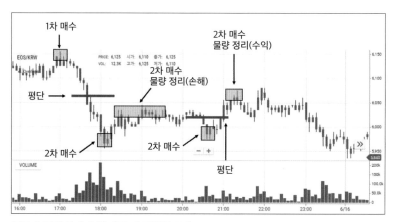

도표 6-7 몇 차례 순환매를 더 진행한 모습

　이때 발생한 손해는 지금 당장 메꿀 수 있는 게 아니기 때문에 조급해하지 말고 최대한 추세가 전환되기 전까지 단기 반등 구간에서 순환매를 진행하는 것이 좋다. 그러다 보면 어느 순간 추세가 전환되는 지점이 나오게 되고, 그동안 순환매를 통해서 낮춘 평단보다 더 높게 가격이 오르게 되면 그때 발생한 미실현 손익을 통해 앞서 순환매를 하면서 발생한 마이너스 실현 손익을 메꿔주는 것이다.

순환매는 반등이 오면서 내려오는 하락장에서 주름을 펴서 수익을 만들어냄으로써 최초 1차 매수 평단보다 낮게 반등이 오더라도 수익으로 탈출할 수 있게 해준다. 이것이 순환매의 핵심이다. 그렇기 때문에 순환매는 내가 물렸을 경우 최대한 빠르게 시작하는 것이 좋다. 또 당연한 이야기겠지만 평단과 현재 가격 간의 괴리가 클수록 순환매 효과가 낮아지게 된다.

순환매를 하면 왜 원금이
계속 줄어들까?

앞에서 순환매를 할 때 단기 저점에서 주운 물량을 단기 반등이 왔을 때 판매하라고 했다. 그런데 도표 6-8과 같이 단기 바닥에서 물량을 주웠지만, 최초 진입한 평단이 높아서 혹은 물량이 많아서 평단이 단기 고점보다 높을 때가 있다. 이때 단기 고점에서 추가 매수한 물량을 판매하게 되면, '(평단 − 단기 고점) × 수량'만큼의 손해가 발생하게 된다. 이를 실현 손익이라고 한다.

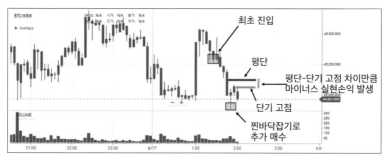

도표 6-8 순환매 시 손해가 발생하는 이유

여기서 발생한 실현 손익은 나중에 바닥을 찍고 반등할 때 순환매를 통해 낮아진 평단보다 가격이 올라가면서 발생하는 미실현 손익의 이익금으로 매꾼다. 대부분의 거래소에서는 이런 실현 손익, 미실현 손익을 따로 계산해서 보여주지 않기 때문에 사용자가 직접 실현 손익 대비 실제 평단을 유추할 수 있어야 한다.

다만 비트겟 거래소는 도표 6-9와 같이 자신이 판매한 수량에 대해 실현 손익과 미실현 손익을 보여주기 때문에 순환매를 할 때 굉장히 편리하여 나도 애용하는 거래소이다.

도표 6-9 순환매 시 손익분기점 찾기 - 실현 손익, 미실현 손익을 잘 판단해야 한다.

순환매
예시

순환매가 어떤 식으로 이뤄지는지 간단하게 표현해보자. 계산하기 쉽게 동일한 수량으로 매수하였으며 수수료는 계산하지 않았다.

1. 최초 10,160원 3,000개 매수(누적 수량 3,000 / 평단 10,160)

2. 하락 10,060원 3,000개 매수(누적 수량 6,000 / 평단 10,110)

3. 상승 10,100원 3,000개 매도(누적 수량 3,000 / 평단 10,110)

   → (10,110원－10,100원)×3,000 = 30,000원의 마이너스 실현 손익 발생

4. 하락 10,010원 3,000개 매수(누적 수량 6,000 / 평단 10,060)

5. 상승 10,100원 전량 매도(수익 실현)

   → (10,100원－10,060원)×6,000 = 240,000원의 실현 손익 발생

6. 240,000원－30,000원 = 210,000원의 최종 수익 발생

업비트 순환매 실현 손익 계산 방법이 없을까?

업비트는 순환매를 할 경우 실현 손익을 따로 보여주지 않기 때문에 업비트에서 보이는 평단이 아닌 실제 손익분기점을 넘어서는 평단을 계산해야 한다. 그런데 화면에 보이는 평단 때문에 정확한 판단이 어려울 수 있다. 그러면 도표 6-10과 같이 자신의 평단을 수정하여 화면에 표시할 수 있다. 이 기능을 활용하면 조금 더 편리하게 순환매를 할 수 있다.

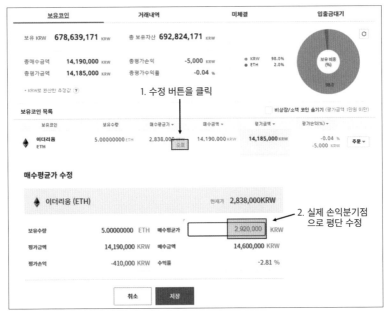

도표 6-10 업비트에서 평단가를 수정하는 방법

순환매할 때 금액으로 할까, 수량으로 할까?

순환매를 추가 매수할 때 같은 금액으로 매수해야 할지, 수량으로 매수해야 할지에 대해 이야기해보겠다. 두 가지 방법은 서로 장단점이 있다.

첫째, 같은 금액으로 매수할 경우에는 낮은 가격에 같은 금액으로 매수하게 됨으로써 보다 더 많은 수량을 매수할 수 있어서 평단이 조금 더 낮아지는 장점이 있다.

둘째, 같은 수량으로 매수할 경우에는 전자보다는 평단이 덜 낮아지지만, 상대적으로 적은 금액이 투입됨으로써 단기 상승이 오지 않고 추가 하락이 발생할 경우(바닥이 아닐 경우) 리스크가 적다는 장점이 있다. 이외에도 평단 계산이 유리하므로 나는 금액보다는 동일한 수량으로 순환매하는 것을 선호한다.

반등이 없는 경우
어떻게 해야 할까?

순환매하기 위해 매수했음에도 예상과 달리 반등이 오지 않고 도
표 6-11처럼 차트가 흐르는 경우가 종종 있다. 이때는 더 이상 추가
매수하지 말고 하락세가 진정되면서 추세가 전환될 때까지 기다리
자. 하락 추세가 멈추고 상승으로 추세가 전환된다고 판단되면 1차,
2차 매수 때보다 좀 더 가중치를 두어(2~3배) 추가 매수를 진행하여
평단을 크게 끌어내리고 단기 반등이 왔을 때 탈출을 시도한다.

주의해야 할 점은 상승 추세로 전환되지 않고 다시 바닥을 깨고 내
려가려고 하면, 재빠르게 3차 매수한 물량을 전부 손절하고 다시 기
회를 잡아야 한다는 것이다. 자칫 너무 많은 시드가 고점에 물리게
되면 추후 탈출이 어려워질 수 있다.

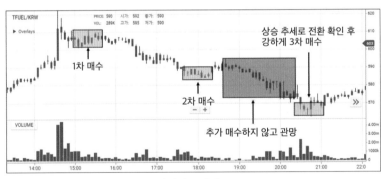

도표 6-11 반등이 오지 않는 하락장에서의 순환매

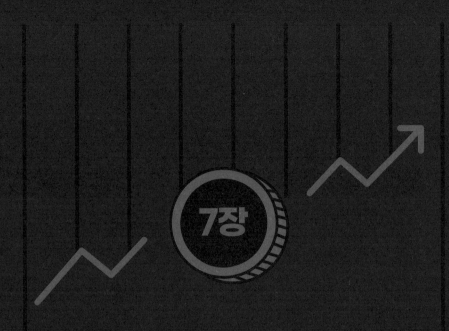

단타 매매 기법 4:
단타 칠 종목 고르는 법

코인 간의 상관관계를 이용하여 찾는 법

이번 장에서 소개하는 방법은 상승장에서 장이 좋을 때 업비트 현물에서 단타를 칠 알트코인을 선정하는 노하우이다. 이 패턴은 언제든 깨질 수 있고, 역이용당할 수 있으므로 이런 식으로 코인을 분석할 수도 있다는 것에 초점을 맞추어 참고하길 바란다.

비슷한 산업군끼리 주식을 묶어놓듯이, 코인 역시 비슷한 것끼리 묶어놓는 경우가 있다. 해운주가 오를 때 해운주를 이끄는 대장격 주식이 있고 그 뒤를 다른 해운주가 따라가면서 오른다. 코인 역시 특정 종목이 오르면 그 종목과 평소에 같이 오르던 코인들이 덩달아 오르는 경우가 있다. 이를 '커플링되어 있다.'라고 한다. 커플링된 코인들을 눈여겨보면서 코인 간의 상관관계를 익히고 이용하는 것이 중요하다.

도표 7-1은 2021년 5월에 실제로 내가 코인 간의 상관관계를 이용해 매매했던 코인들이다. 먼저 온톨로지 가스(ONG)와 가스(GAS)이다. 두 코인은 서로 직접적인 연관 관계는 없지만 '가스'라는 이름으로 묶여 있어 같이 펌핑이 오는 편이다. 가스 코인이 상승을 시작하면 온톨로지 가스 코인이 1~2분 뒤에 같이 상승한다. 그 반대의 패턴도 종종 보여준다.

이런 특징을 이용하여 온톨로지 가스 코인의 상승이 확인되면, 아

직 상승이 오지 않은 가스 코인을 재빨리 매수하여 짧게 이익을 내고
나오는 단타 전략을 세울 수 있다.

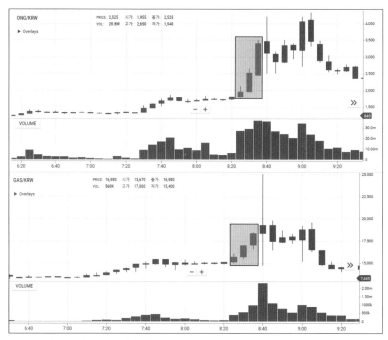

도표 7-1 온톨로지 가스 코인과 가스 코인

계단식 상승 후 급격한
하락을 보이는 코인을 고른다

    상승장에서 계단식 상승 후 급격한 하락을 보이는 코인을 선택하는 것은 짧은 기간(1~3분 사이)에 좋은 수익률을 보여주면서 승률도 나쁘지 않은 패턴이다. 나는 '상승 → 급격한 하락 → 상승 → 하락' 혹은 '급격한 하락 → 상승 → 하락'으로 이어지는 패턴은 세력들이 물량을 털 때나 상승 초입 때 주로 사용하는 편이다. 아주 짧은 시간 안에 큰 수익을 얻을 수 있다.

    다만 이러한 패턴은 메이저 코인보다는 잡 코인 위주로 많이 나오고, 짧은 시간에 급격한 가격 변동이 있어 초보자에게는 조금 어려울 수 있으니 많은 금액을 베팅하는 것은 권장하지 않는다.

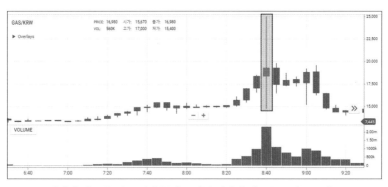

도표 7-2 계단식 상승 후 짧은 시간 동안 급격한 하락과 상승을 보여주는 차트

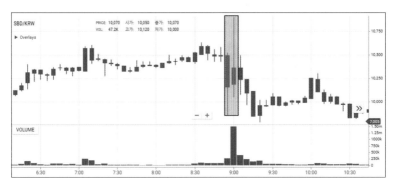

도표 7-3 전형적인 개미털기 패턴의 예 - 9시 전 패닉셀 유도→상승→하락

이런 차트를 공략할 때 주의해야 할 점은 거래 대금과 전일대비 (%)이다. 상승장에서는 큰 문제가 되지 않지만, 하락장 혹은 약세장 에서의 단기 펌핑 때는 특정 코인들에게만 자금이 몰리는 경향이 있 다. 그러므로 앞에서 말한 방법을 적용하려면 거래대금이 높은 것, 전일대비가 높은 코인에 적용해야 한다. 요약하자면 사람들이 많이 몰리는 종목을 골라야 한다는 것이다.

코인마다 존재하는 특징을
파악하여 찾는 법

업비트에 상장된 코인들은 저마다 특징이 있다. 이러한 특징을 빠르게 캐치하여 단타를 칠 때 활용할 수 있다. 다음은 스트라이크(STRK) 코인의 특징을 정리한 것이다.

1. 상승하기 전날 새벽에 천천히 거래량이 없이 우상향을 한다. 9시 전에 상승하는 대부분의 코인은 9시가 되면 갑자기 가격이 훅 빠지는 경우가 많다.

2. 매도벽이 굉장히 약해서 쉽게 펌핑이 온다. 대부분의 물량을 재단 혹은 세력이 쥐고 있으며, 시체(현재 시장가 대비 지나치게 고가에 매수한 사람)가 별로 없기 때문에 쉽게 펌핑이 온다.

3. 매수벽도 굉장히 약하다. 많은 물량을 매수하는 것은 위험하다.

4. 스트라이크 코인의 최근 동향을 살핀다. 오전 9시 기준으로 급격한 펌핑이 자주 발생하였으며 펌핑 이후 우하향하는 패턴을 보여준다.

이러한 패턴으로 스트라이크 코인이 움직였는지를 도표 7-4와 도표 7-5를 보며 확인해보자.

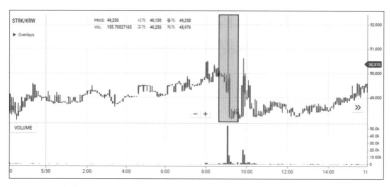

도표 7-4 9시에 급격한 펌핑이 오는 스트라이크 코인(1)

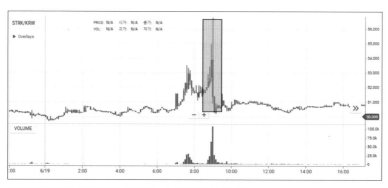

도표 7-5 9시에 급격한 펌핑이 오는 스트라이크 코인(2)

이외에도 5~6월의 오전 9시경에는 굉장히 빈번하게 도표 7-4와 도표 7-5와 같은 모습을 그리면서 움직이는 것을 볼 수 있다. 이러한 패턴을 5월 초에 발견했다면 꽤 오랜 기간 재미를 볼 수 있었을 것이다. 그러므로 업비트에 상장되어 있는 코인들의 차트를 매일 체크하면서 시간의 흐름에 따라 혹은 다른 코인의 움직임에 따라 코인들이 어떻게 움직이고 변화하는지를 연구할 필요가 있다.

장세를 읽고 장에 따라 달라지는
코인의 움직임을 빠르게 캐치한다

시장에 유동성이 풍부하고, 모든 코인이 우상향하는 장을 보며 우리는 "장세가 좋다"라고 말한다. 이런 장세에는 그 어떤 코인에 물려도 며칠 '존버'하면 대부분은 본전 혹은 그 이상의 금액에 도달한다. 그렇기 때문에 상승장에서 코인을 입문한 사람들이나 초보자들은 대개 365일 내내 장이 좋을 것이라 예상하고 앞에서 말한 방식으로 매매를 하게 된다. '기존에도 '존버'하면 올랐으니까', '탈출할 수 있었으니까'라는 생각에서 말이다.

하지만 코인판은 생각보다 빠르게 변화하는 곳이며, 한 번 추세가 꺾이면 알트코인은 몇 시간도 되지 않아 -20~-40% 하락하는 경우도 있다. 그러므로 변화를 재빠르게 감지하여 장이 좋지 않을 때는 접근하지 않는 것이 중요하다. 그렇지 않으면 자산이 반토막 나는 것은 단 며칠이면 충분하기 때문이다.

그렇다면 도대체 어떻게 변화를 감지할 수 있을까? 바로 변화하는 패턴에 답이 있다. 도표 7-6은 상승장에서의 이더리움 클래식 차트이다. 차트를 보면 중간중간 조정이 왔지만, 높은 거래량을 보이면서 금세 다시 회복한 뒤 횡보 혹은 우상향하면서 가격이 서서히 오르는 것을 볼 수 있다. 즉 이런 장에서는 물렸다 하더라도 물타기 혹은 '존버'해볼 만하다.

도표 7-6 상승장에서의 이더리움 클래식 차트의 모습

도표 7-7은 장세가 꺾일 때의 이더리움 클래식 차트이다. 도표 7-6과 다르게 거래량이 1/4 이상 줄었으며 단기 하락이라고 예상했던 지점(노란색 박스 구간)에서 거래량이 기존 대비 많이 발생했다. 그럼에도 하락세를 반전하지 못하고 재차 하락하는 모습을 보여주고 있다.

도표 7-7 하락장에서의 이더리움 클래식 차트의 모습

단타를 칠 때는 장세를 빠르게 캐치하여 상황에 맞게 대응하는 것이 정말 중요하다. 아무리 좋은 자리를 잡더라도 장 자체가 회복하지 못하고 계속 우하향한다면 손해를 볼 수밖에 없기 때문이다. 즉 이런 경우에는 지속적인 물타기보다는 빠른 손절로 피해를 최소화하는 것도 좋은 선택일 수 있다.

하락장임을 파악하는 또 하나의 방법은 바로 단기 차트의 방향이다. 다음은 5월 중순에 발생한 코인들의 패턴 일부를 나열한 것이다. 5월 중순은 1월부터 이어진 상승 이후 하락세로 전환하기 바로 직전의 기간이었다. 이 당시 코인들의 특징을 살펴보면 단기간에 굉장히 빠르게 펌핑이 오고 급격하게 하락한 이후 다시 상승하지 못하는 모습을 보여준다. 전형적인 설거지 패턴인데, 이러한 패턴은 상승장보다는 하락장 초입에서 많이 나온다.

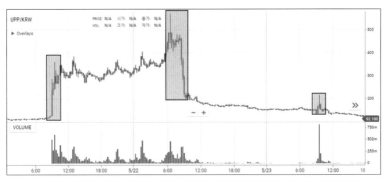

도표 7-8 짧은 기간 폭발적인 상승 이후 지속적인 하락을 보여준 센티넬 프로토콜

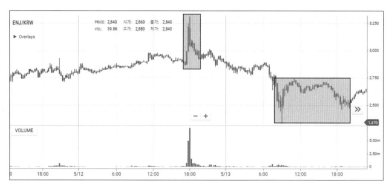

도표 7-9 짧은 시간 오르고 나서 지속적으로 하락한 엔진 코인

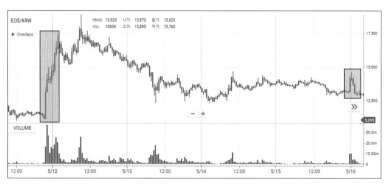

도표 7-10 짧은 기간 급격한 상승 이후 지속적인 하락 추세로 진입한 이오스 코인

한두 개의 특정 코인이 이런 패턴을 보인다면 해당 코인에 대한 이슈라고 넘길 수 있다. 하지만 이러한 패턴을 보이는 코인이 점점 많아진다면 장세가 변한 것이다. 이때에는 공격적인 투자보다는 시드를 지키는 보수적인 투자를 할 필요가 있다.

8장

단타 매매 기법 5 :
RSI 지표 활용

RSI란?

    RSI(Relative Strength Index)는 상대강도지수로 상승압력과 하락압력의 '상대적' 강도를 의미한다. 일반적으로 RSI 30 이하를 과매도, 70 이상을 과매수 구간으로 본다.

    RSI 지수를 통해 현물 매수·매도, 선물 공매수(롱)·공매도(숏)의 진입 여부를 결정할 수 있다. 또는 알람을 걸어놓고 자리 비울 때 활용할 수도 있다(도표 8-1 참조).

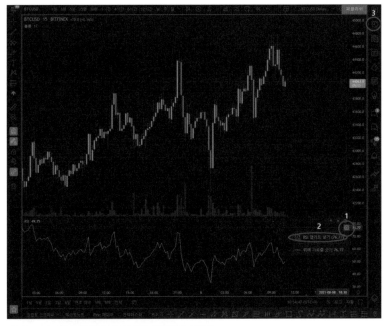

도표 8-1 트레이딩뷰에서 알람을 설정하는 방법

과매도, 과매수의
포착

변동성이 큰 코인은 15분 봉 기준 RSI 25 정도에 도달하면 그때부터 매수 자리를 찾을 수 있다. 반대로 75 이상이 되면 매도 자리 혹은 공매도 진입 자리에 참조할 수 있다.

다만 15분 봉 기준 RSI가 25 이하가 되었다고 무조건적인 매수를 하거나 RSI가 75가 넘었다고 무조건 매도하는 것은 옳지 않은 매매 방법이다. RSI 5 혹은 90까지도 쉽게 돌파하는 것이 코인 시장이다. 모든 보조 지표는 후행성이고 참조를 위한 것임을 주의하자.

가장 좋은 방법은 실시간으로 거래량과 캔들 길이를 포착하여 매수·매도 시점을 파악하는 것이다. 보조 지표를 확인한 후 매매한다면 남들보다 늦을 수 있다. 같은 맥락으로 다이버전스 역시 지표만을 의지하여 매매하지 말고 되도록 거래량과 캔들 길이를 보고 매매하는 것을 추천한다.

RSI를 통한
다이버전스 매매 전략

다이버전스는 사실상 쌍봉 혹은 쌍바닥을 이야기하는 것과 같다. RSI를 통해 아주 천천히 슬금슬금 가격이 떨어지거나 올라가는 장과 급등/급락 장에서 고점이나 저점을 찾아 매매할 수 있는 방법이다.

다음 예시처럼 기본적으로 RSI가 과매수(75 이상) 혹은 과매도(25 이하)일 때 다이버전스가 많이 발생하는 것을 볼 수 있다. 모든 시간대에서(심지어 1분 봉에서도) 다이버전스를 찾을 수 있다.

상승 다이버전스(상승 추세로 전환)

1. 가격은 지속 하락하나 거래량 감소, 하락 모멘텀의 둔화로 인해 발생한다.

2. 가격은 하락하나 보조 지표(RSI)는 상승하는 것을 확인할 수 있다.

3. 현물의 경우, 매수 후 반등 시 매도하여 차익을 볼 수 있다.

4. 선물의 경우, 공매수(롱) 포지션을 진입하거나 보유 중인 공매도(숏) 포지션을 정리할 수 있다.

도표 8-2를 보자. 일봉을 기준으로 보면 하락 쐐기형을 그리면서 지속적으로 하락하는 중이다. 하지만 하락의 강도가 점점 약해지고 거래량도 지속 감소하면서 상승 다이버전스를 그린 뒤 반등하는 모습을 보여준다.

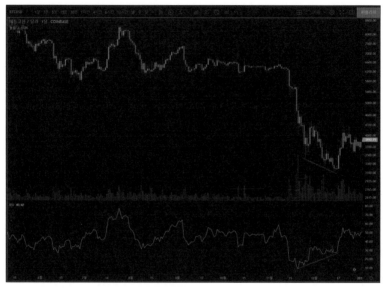

도표 8-2 비트코인 선물 일봉 차트와 RSI

도표 8-3을 보자. 4시간 봉은 급격한 하락 후 삼각수렴한다. 그 이후 수렴 구간 이탈 뒤 추가 하락이 나왔다. 마지막 캔들에서 직전 아래 꼬리가 있는 캔들보다 거래량이 줄면서 반등하는 모습을 보여준다. 다시 삼각수렴 후 하락하지만 다시 한 번 수평 지지선을 지지하고 상승 다이버전스를 그리며 반등하는데, RSI는 최저 20까지 나온 것을 볼 수 있다. 4시간 봉 기준 RSI 20은 매우 낮은 수치로 엄청난 과매도 구간으로 해석할 수 있다.

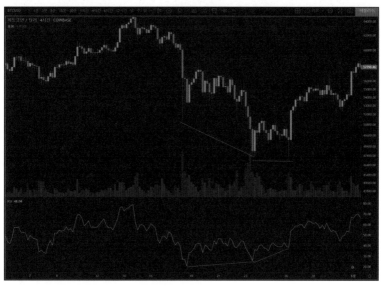

도표 8-3 비트코인 선물 4시간 봉 차트와 RSI

도표 8-4를 보자. 1시간 봉도 마찬가지로 지속적인 하락을 보여주나 점차 하락 강도가 줄어들고 상승 다이버전스를 보여주면서 상승하는 것을 볼 수 있다.

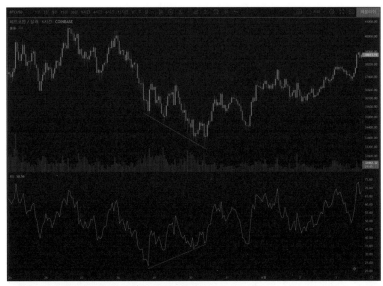

도표 8-4 비트코인 선물 1시간 봉 차트와 RSI

도표 8-5를 보자. 15분 봉의 짧은 시간대에서도 다이버전스가 유효하다.

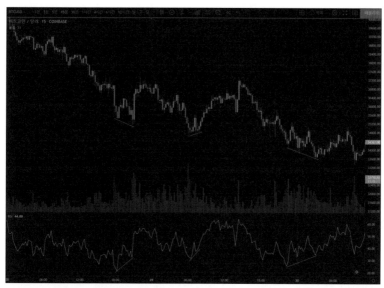

도표 8-5 비트코인 선물 15분 봉 차트와 RSI

하락 다이버전스(하락 추세로 전환)

1. 가격은 지속 상승하나 거래량 감소, 상승 모멘텀의 둔화로 인해 하락 다이버
   전스가 발생한다.
2. 가격은 상승하나 보조 지표(RSI)는 하락하는 것을 확인할 수 있다.
3. 현물의 경우, 매도하고 저점에서 매수하여 보유 수량을 늘리거나 차액을 남
   길 수 있다.
4. 선물의 경우, 공매도(숏) 포지션을 진입하거나 보유 중인 공매수(롱) 포지션
   을 정리할 수 있다.

도표 8-6을 보자. 일봉을 보면, 2021년 1월부터 지속적으로 상승하고 있는 것을 볼 수 있다. 엄청난 상승을 보여주지만 점차 상승폭이 둔화되고 거래량도 점차 감소하면서 하락 다이버전스가 발생하고 급격하게 가격이 떨어지는 것을 확인할 수 있다.

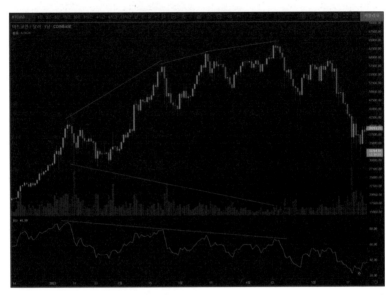

도표 8-6 비트코인 선물 일봉 차트와 RSI

도표 8-7을 보자. 4시간 봉은 천천히 고점을 높일 때에도 거래량이 줄어드며 하락 다이버전스가 발생할 때마다 조정을 받는 모습을 확인할 수 있다. 이후 다시 한 번 급격하게 고점을 높이지만 거래량이 받쳐주지 못하고 양봉 길이도 늘리지 못하면서 지속적으로 조정을 받다가 떨어지는 것을 확인할 수 있다.

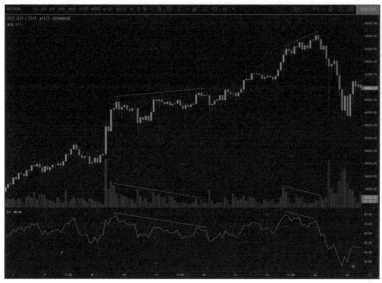

도표 8-7 비트코인 선물 4시간 봉 차트와 RSI

도표 8-8을 보자. 1시간 봉은 아주 많은 상승·하락 다이버전스 구간들이 존재하는 것을 볼 수 있다. 상승세가 둔화될 때 RSI 값도 낮아지는 것을 확인할 수 있다.

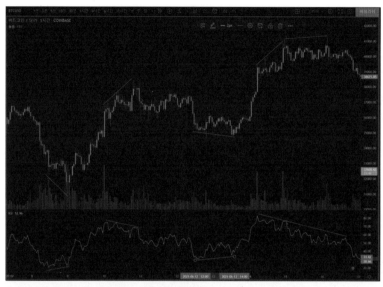

도표 8-8 비트코인 선물 1시간 봉 차트와 RSI

도표 8-9를 보자. 15분 봉은 급격한 상승을 하였으나 단기적으로 엄청난 과매수로(RSI 80) 빠른 조정을 받는 모습이다. 기본적으로 거래량이 폭발하는 장대봉일수록 빠른 조정을 받을 확률이 높다. 차트 오른쪽 끝부분의 장대 음봉에서도 거래량이 폭발하면서 다시 반등하는 것을 볼 수 있는데, 이런 구간이 나온다면 분할 매수로 접근하기 좋은 자리라고 볼 수 있다.

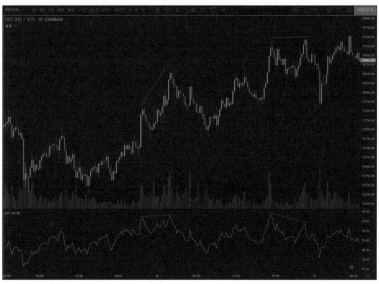

도표 8-9 비트코인 선물 15분 봉 차트와 RSI

매매 기법보다 더 중요한
자산 운용과 리스크 관리

현물, 선물 시드를 안정적으로 운용하는 방법

코인 시장은 주식 시장과 다르게 코인의 가치를 객관적으로 판단하기가 어렵고 법의 규제에서 벗어나 있기 때문에 예상과 전혀 다른 방향으로 차트가 튀는 경우가 많다. 어떤 악재가 발생하면 지속적으로 하락하는 주식 시장과 달리, 코인 시장은 급격한 하락이 오면 어느 정도의 데드켓 반등을 항상 동반한다.

그러므로 분할 매수의 원칙을 지키고, 늘 일정 금액 이상의 현금을 보유하며, 매매 원칙에 맞춰 리스크 관리를 잘해주는 것이 중요하다. 그렇게 하면 단기간에 40% 이상 빠지는 차트에서 고점에 물렸더라도 충분히 탈출할 수 있는 시장인 것도 맞다(도표 9-1 참조).

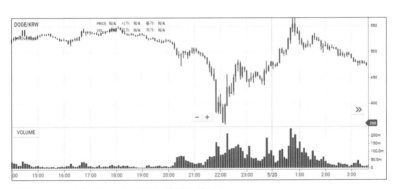

도표 9-1 2021년 5월 19일 도지 코인 차트의 모습

이번 장에서는 예기치 못한 추세 이탈이 발생했을 때 어떻게 대처해야 하는지, 어떻게 시드를 관리해야 하는지에 대해 알아보겠다.

앞에서 분할 매수가 왜 중요한지, 왜 늘 일정 금액 이상을 현금으로 보유해야 하는지에 대해 다루었다. 그렇다면 어떤 식으로 시드를 운용해야 하는지에 대해 이야기해보자.

도표 9-2는 1,000만 원을 기준으로 현물 거래를 할 때 시드를 운용하는 방법이다. 3단계로 단계를 나누어서 운영하며 단계가 높아질수록 높은 이익을 얻을 수 있으나 그만큼 리스크도 증가하게 된다.

단계	분할 매수 비율	찐바닥 진입 비율	홀딩 금액
1단계	1/10	1/5	500만 원
2단계	1/5	1/2	500만 원
3단계	1/5	1/2	0원

도표 9-2 현물 거래 시드 운용 3단계

도표 9-2에 나온 내용을 조금 더 자세히 설명해보겠다. 분할 매수 비율은 전체 시드에서 홀딩 금액을 제외한 남은 금액에서의 비율을 의미한다. 즉 현물 거래를 하고 있고, 1단계를 기준으로 시드를 운용한다면 '1,000만 원-500만 원(홀딩 금액) = 500만 원'에서 1/10, 즉 50만 원씩 분할 매수로 진입하는 것이다. 3단계는 '1,000만 원-0원(홀딩 금액) = 1,000만 원'에서 1/5이므로 200만 원씩 분할 매수를 진행하게 되는 것이다.

다음은 찐바닥 진입 비율이다. 찐바닥은 급격한 하락이 오면 강한 반등을 하게 되는데, 이때 들어갈 시드의 비율을 의미한다. 평소 분할 매수 금액보다 2~3배 많은 금액을 진입하면 된다.

마지막으로 홀딩 금액이다. 홀딩 금액은 자신이 가용 가능한 시드가 1,000만 원이라고 했을 때, 일부 금액을 홀딩해놓고 사용할 수 없게 만드는 것이다. 홀딩하는 이유는 거래소의 사정에 따라 입출금이 지연될 수도 있고, 급박한 상황에서 매번 통장-거래소를 옮겨가면서 시드를 관리하기에 불편함이 있기 때문이다.

또한 이렇게 일부 금액을 홀딩해놓으면 물타기를 할 때, 한 번 더 생각할 시간이 생긴다는 장점이 있다. 초보자가 많이 하는 실수 중 하나가 천천히 흐르는 장에서 단기간에 물타기를 자주 해서 탈출하지 못하는 것이다. 일부 시드를 홀딩해놓는 것만으로도 훌륭한 리스크 관리 방법이 될 수 있다.

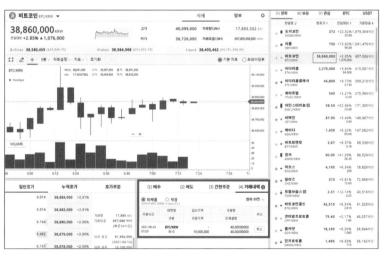

도표 9-3 일부 금액을 홀딩해서 안정적으로 시드 운용하기

그럼 홀딩해놓은 금액은 언제, 어떻게 사용할까? 홀딩된 금액은 평소 분할 매수를 하면서 단타를 치다가 도표 9-4와 같이 장시간 동안 반등이 오지 않고 지속적으로 추세를 이탈하면서 하락하는 경우, 순환매를 썼음에도 탈출하지 못하는 경우에 가끔 발생한다. 이런 상황에서 홀딩된 금액을 이용하여 장대 음봉이 나올 때까지 기다렸다가 장대 양봉이 나왔을 때 강하게 물을 타서 평단을 낮추고, 반등이왔을 때 탈출할 수 있는 기회를 만들 수 있다.

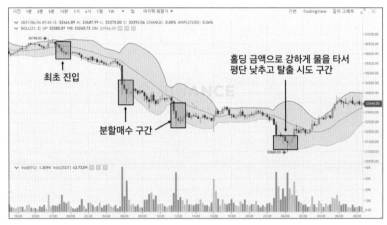

도표 9-4 반등이 오지 않고 지속적으로 흐르는 차트 – 홀딩 금액은 큰 도움이 된다.

다음은 선물 거래 시 시드를 운용하는 방법이다. 선물 거래는 '청산'이라는 시스템이 있기 때문에 현물보다 조금 더 보수적으로 운용해야 한다. 다만 레버리지의 비율에 따라 실제 진입하는 금액 자체는 더 커질 수 있다. 권장하는 레버리지 비율은 낮을수록 좋으며 소액이라도 20배를 넘기지 않는 것이 좋다.

단계	분할 매수 비율	찐바닥 진입 비율	현물 지갑 보관 금액
1단계	1/20	1/10	500만 원
2단계	1/10	1/5	500만 원
3단계	1/10	1/5	0원

도표 9-5 선물 거래 시드 운용 3단계

또한 선물 거래는 대부분의 거래소가 현물 지갑과 선물 지갑을 따로 운용하고 있기 때문에 현물 거래와 달리 금액을 홀딩해놓을 필요가 없다. 현금 지갑에 시드를 보관하고 있다가 필요할 때 선물 지갑으로 옮겨서 사용하면 된다. 현물 지갑에 있는 금액은 선물 거래에 영향을 받지 않기 때문에 선물 거래 도중 청산당할 경우에도 전혀 영향을 받지 않는다.

도표 9-6 현물 지갑과 선물 지갑 - 대부분의 거래소는 현물 지갑과 선물 지갑이 나뉘어져 있으며 서로 영향을 받지 않는다.

수익금을
재투자하는 방법

1장에서 복리 효과가 투자에서 얼마나 강력한 힘을 발휘하는지를 언급한 바 있다. 하지만 복리가 수익 증대에 큰 효과가 있는 것은 사실이지만, 시드가 커질수록 자산을 운용하기가 점점 더 어려워질 수 있다. 시드를 안정적으로 운용하기 위해서는 복리 효과에 '안정성'을 더할 필요가 있다.

도표 9-7은 내가 사용하는 재투자 방법을 정리한 것이다.

시작 금액	달성 금액	인출 금액
1,000만 원	10,000만 원	2,000만 원
8,000만 원	20,000만 원	4,000만 원
16,000만 원	40,000만 원	8,000만 원
32,000만 원	80,000만 원	16,000만 원
64,000만 원	160,000만 원	32,000만 원

도표 9-7 나씨TV 재투자 방식

이 방식은 수익금을 재투자하여 복리 효과는 지키면서 목표 금액을 달성하면 달성 금액의 20%를 인출하여 현금으로 보유함으로써 예상치 못한 리스크에 대비할 수 있다. 실제로 이 방식으로 나는 큰 폭의 하락장이 왔을 때 모든 시드가 다 묶여 있어도 보유하고 있던 현금을 다시 입금하여 저점에서 추가 매수하여 반등이 왔을 때 탈출할 수 있었다.

투자의 끝은 결국 이익 실현이고, 리스크 관리이다. 코인 시장에서는 돈을 많이 벌었더라도 내가 쓰지 못하면 아무 의미가 없고, 단한 번이라도 크게 패배한다면 모든 것을 다 잃을 수 있기 때문이다. 그렇기 때문에 반드시 수익금을 적절히 인출하여 리스크를 줄이는 것이 중요하다.

잡 코인에 물렸을 때
대응하는 방법

잡 코인은 차트보다는 특정 세력의 움직임에 더 많은 영향을 받는 편이다. 도표 9-8처럼 별다른 이슈가 없어도 적게는 수십 퍼센트에서 많게는 수백 퍼센트까지 단기 반등이 온 뒤 하락하는 경우가 많다. 이런 코인은 기본적으로 안 하는 것이 좋지만, 추격 매수를 하다가 고점에 물렸을 경우 어떻게 대응해야 하는지, 상황에 따라 이야기해보겠다.

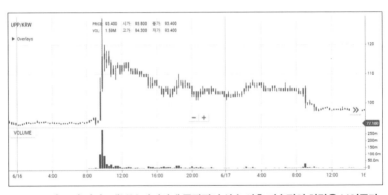

도표 9-8 잡 코인 펌핑 - 대부분 단기간에 폭팔적인 상승 이후 지속적인 하락을 보여준다.

기본적으로 잡 코인에 물린 경우에는 해당 잡 코인이 평소 어떤 패턴을 가지고 차트가 움직이는지, 현재 시장 분위기가 어떤지를 확인한다. 그다음에 대응 방법을 정하는데, 그 방법은 상황에 따라 크게 세 가지로 나눌 수 있다.

첫째는 도표 9-9와 같이 며칠에 걸쳐서 연달아 상승하는 경우이다. 보통 유동성이 풍부한 상승장에서 이런 차트가 많이 나오는 편이다. 이런 경우에는 단기 조정 구간에서 강하게 추가 매수를 해준다면 큰 문제없이 탈출할 수 있다.

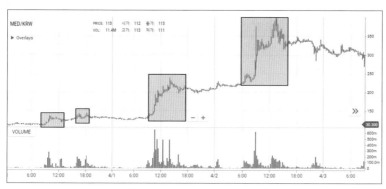

도표 9-9 유동성이 풍부한 상승장에서 메디 블록 코인의 움직임

둘째는 며칠에 걸쳐 큰 폭의 변동성을 보여주는 경우이다. 조정장 혹은 횡보장에서 스팀 달러, 던 프로토콜, 스트라이크와 같이 특정 코인들이 이러한 패턴을 주로 보인다. 7장 내용을 참고하여 각 코인별 특징을 분석해두었다가 해당 코인의 특성을 이용하여 반등 시점을 예측해 탈출하면 좋다.

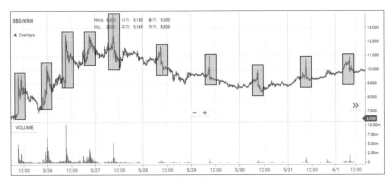

도표 9-10 주기적으로 단기 펌핑이 왔던 스팀 달러 차트

마지막은 도표 9-11과 같이 단기 펌핑 이후 혹은 별다른 상승 없이 지속적으로 하락하는 경우이다. 약세장 혹은 유동성이 급격하게 줄어드는 하락장에서 주로 나타난다. 2021년 5~6월에 대부분의 코인이 이런 모습을 보여주었다.

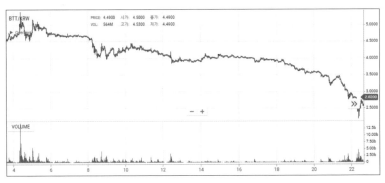

도표 9-11 한 달 넘게 계속 하락세를 보여준 비트토렌트 코인 차트

도표 9-11과 같은 경우에는 해당 코인에 추가 매수를 통해 평단을 낮추고 탈출하기보다는 도표 9-12의 칠리즈 코인과 같이 변동성, 유동성이 좋은 코인을 재빠르게 찾는 게 좋다. 해당 코인에서 얻은 수익으로 비트토렌트에서 발생한 손해를 일부 매도하는 식으로 조금씩 메꿔 나가는 전략이 효율적이다.

사람들은 대개 자신이 물린 코인에 집중하는 경향이 있어서 반등이 오지 않는 코인에 물을 타다가 더 큰 손해를 보는 경우가 많다. 내가 산 코인으로 꼭 원금을 찾아야 한다는 법은 없다. 명심하자.

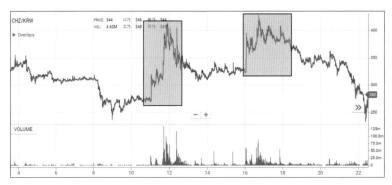

도표 9-12 동일한 기간의 칠리즈 코인 차트

하락장이 오는 것을
어떻게 알 수 있을까?

하락의 징조,
어떤 것들이 있을까?

안정적이고 성공적인 투자를 위해서는 '장이 좋을 때는 과감하게 베팅하고, 장이 좋지 않을 때는 현금을 들고 관망하면서 보수적으로 운용하는 전략'이 필요하다. 하지만 대부분의 초보자는 장이 좋을 때나 나쁠 때나 상관없이 똑같이 운용한다. 그러다 보니 상승장에서 돈을 벌었더라도 하락장에서 그 돈을 지키지 못하는 경우가 많다.

이번 장에서는 하락장을 어떻게 예측하는지에 대해 이야기하겠다. 내가 코인의 분위기를 파악하는 데 사용하는 지표는 크게 네 가지가 있다.

커뮤니티 게시글

게시글이 점점 줄어들며 새로운 글이 올라오는 기간이 점점 길어진다.

비트코인 선물 차트(바이낸스)

일봉 기준으로 전고를 점점 힘겹게 돌파하는 모습을 보여주며 상승세가 점차 약해지다가 어느 순간 반등이 와도 이전 전고를 뚫지 못하고 하락하는 모습을 보여준다.

알트코인 차트와 코리안 프리미엄(업비트)

모든 코인이 상승하던 시기와 다르게 잡알트부터 가격이 점차 하락하는 모습을 보여주며 중간중간 반등이 오지만 전고점을 뚫지 못하고 천천히 우하향한다.

또한 상승장에서 10~20%까지 오르던 코프가 점차 낮아지게 된다. 이번 하락장에서는 '20% → 15% → 10% → 7% → 5% → 3%' 식으로 점점 낮아지는 모습을 보여주었으며 코프가 더 이상 증가하지 않고 내려갔다.

거래량

업비트의 알트코인 거래량이 점차 줄어드는 것을 볼 수 있으며 비트코인 거래량이 가장 많은 경우가 생기기 시작한다.

커뮤니티
게시글

커뮤니티 게시글부터 보자. 투자는 결국 사람들이 생각하는 방향으로 움직이는 경우가 많다. 그렇기 때문에 나는 차트 혹은 커뮤니티에서 사람들의 심리를 읽으려고 노력한다. 특히 커뮤니티는 장이 좋을 때와 좋지 않을 때, 반등이 확연하게 갈리므로 자주 확인하는 편이다. 다른 지표에 비해서는 조금 더 후행 지표에 가깝다.

도표 10-1과 도표 10-2는 내가 자주 가는 클리앙의 가상화폐당 게시판을 특정 시기에 캡처한 것이다. 상승장이었던 2021년 4월 초와 하락장이었던 2021년 6월 말의 게시판은 사뭇 분위기가 다른 것을 알 수 있다. 상승장일 때는 하루에 수 페이지씩 글이 올라왔지만, 하락장일 때는 반 페이지도 채우지 못할 정도로 글의 리젠 속도가 줄어든다.

0	자유	갑자기 뭔 상승빔이... 🖼 6 (+1)		1303	07:23
0	자유	근데 대부분 해외거래소, 이메일만 등록하면 거래가능하지 않나요? 2		889	03:46
0	자유	한국도 결국에는 해외거래소가 막힐듯 싶네요. 20		3424	06-27
4	자유	[자작앱홍보] 코인 가격 정보 알려주는 앱을 만들어봤습니다 🖼 22		1653	06-27
0	자유	비트코인 및 암호화폐 관련 주식은, 엄청난 퍼포먼스군요.. 3 (+3)		2152	06-27
0	자유	영국, 바이낸스에 6월30일까지 영업폐쇄 명령. 16 (+9)		4562	06-27
0	자유	비트가 좀 회복하는가 했더니 1		3310	06-27
1	자유	팔면 오른다는 징크스가 여지없이 발동 했습니다 14		2267	06-27
0	질문	바이낸스 선물 ADL 질문 드립니다 2 (+2)		769	06-27
0	자유	에어드랍... 시도해 보려니 낯설군요.		1032	06-27
2	자유	일론 트위터 알리미를 만들어봤습니다 🖼 4 (+2)		1908	06-27
0	자유	[뻘글] 요즘 알트들 패턴 🖼 5		3073	06-27
2	자유	2018년 12월 15일 🖼 3 (+2)		1729	06-27
0	자유	내일은 엘론 머스크 생일입니다. 6		2654	06-27
1	자유	3달동안 끌고온 코인 -70%정도로 끝냈습니다 6		3914	06-27
0	자유	계좌가 플러스로 전환되었어요 10		3073	06-27
0	자유	방금 상방은 나쁘지 않네요. 1		1683	06-27
0	자유	마지노선을 지키긴 했네요 4		2357	06-27
1	자유	바이낸스 그리드매매를 하고있습니다. 🖼 2		1837	06-27
2	질문	SOL(솔라나) , AVAX(아발란체) 궁금점. - ft.폴리곤/defi..ADA(카르... 16 (+1)		1618	06-27
2	자유	비트코인 포풀리즘...엘살바도르 '전국민 무상지급' 🖼 25		4156	06-26
0	질문	채굴기 투자 어떻게 생각하시나요? 33		2932	06-26
0	자유	이건 뭐 어찌 대응을 해야할지 ㅋㅋ 11		4921	06-26
0	자유	이번장 아쉬운 판단 하나 4		3152	06-26
0	자유	어떻게 대응하고 계신가요? 5		2350	06-26
0	자유	며칠전에 손절한걸 다행으로 생각해야할정도네요... 16		3882	06-26
0	자유	지루한 장 2		1380	06-26

도표 10-1 2021년 6월 28일 게시글 현황

0	자유	김프 마음만 먹으면 뺄수있군요.... 2		3151	04-07
1	자유	김치 프리미엄, 참 써먹기 좋은 카드입니다. 17		4711	04-07
0	자유	운전사 아저씨 거 좀 살살 운전합시다... 3		2189	04-07
1	자유	김프..아직 끝난게 아닐거란 판단이.. 13		4058	04-07
0	자유	여러가지 생각이 드는 하루네요 ㅋ		1336	04-07
0	자유	오늘도 완전 롤러코스터네요 2		1793	04-07
1	자유	비트코인 차트 12시간 봉이 참 합리적이네요. 🖼		2963	04-07
23	자유	느낌이 쎄할 때는 항상 여지없는 것 같습니다. 🖼 42		17.4 k	04-07
0	자유	우아..비트코인 골드도 지난 주 대비 300% 상승이었군요? 1		2013	04-07
2	자유	제가 생각하는 김프의 원인 20		3100	04-07
1	자유	김프 -10% 찍고 온 상황의 그래프입니다. 🖼 18		4089	04-07
0	자유	퀀텀을 지금 사는게 맞을지.. 참.. 7		1872	04-07
0	질문	코인 관련해서 정부 규제가 나오려나요 7		1949	04-07
0	자유	아 화끈했네요 ㅎㅎㅎ... 3		2080	04-07
0	자유	하 이클.. 김프 먹어보려다가 망했네요 10		3259	04-07
0	자유	와 순간 역프10프로까지가네요 ; 8		3655	04-07
0	자유	우와 큐텀 엄청나네요... 2		2236	04-07
0	자유	김프가 빠지는것에 대해서.. 17		2747	04-07
1	자유	열심히 일하고 오니 이게 원... 5		1966	04-07
0	자유	김프 쭈욱 빼네요 11		2459	04-07
0	질문	불법여부 다시한번 질문드립니다 24		2128	04-07
3	자유	비트코인 한국거래소 전체거래량은 1.7%, but 암호화폐 전체거래량... 🖼 7		2368	04-07

도표 10-2 2021년 4월 7일 게시글 현황

사람들은 상승장에서는 돈을 벌고 있기 때문에 커뮤니티 활동에도 적극적이다. 반대로 하락장에서는 고점에 물려 있거나 손해를 보고 있기 때문에 생각을 안 하거나 숨기려고 해서 게시글이 줄어드는 경향이 있다. 이러한 심리를 바탕으로 게시판을 주시해보자. 상승장에서 바로 하락장으로의 전환은 예측하기 힘들겠지만, 조금 긴 관점에서 보면 하락장으로 전환했음을 확신하는 데 좋은 지표가 된다.

비트코인 선물 차트
(바이낸스)

두 번째 지표는 비트코인 차트이다. 코인은 가치를 정확히 측정할 수 있는 수단이 없기 때문에 모든 코인은 대장격인 비트코인의 가격을 추종하게 된다. 즉 비트코인 가격이 지속적으로 떨어진다면, 다른 알트코인 역시 떨어질 수밖에 없다. 그러므로 그 무엇보다도 비트코인의 가격을 관찰해야 한다. 나는 주로 일봉으로 하락장을 예측하는 편이다.

도표 10-3 비트코인 선물 차트(바이낸스)의 움직임을 보면, 2020년 12월 고점을 찍은 뒤 살짝 조정을 받은 비트코인이 급격하게 다시 상승하여 2021년 2월 말에 다시 전고를 크게 넘어선 것을 볼 수 있다. 다시 조정 이후, 2021년 4월까지 천천히 우상향하였지만, 점점 이전 전고 대비 고점이 크게 증가하지 않는 것을 볼 수 있다. 이때 보통 알트코인은 비트가 전고를 뚫고 횡보할 때 크게 오르는 경향이 있기 때문에 큰 문제는 없다.

하지만 네 번째 박스 부근, 즉 65,000달러를 돌파하지 못하고 다시 크게 하락한 후 다음 반등에서 이전 전고를 회복하지 못했을 때부터는 하락장을 염두에 두면서 투자해야 한다고 할 수 있다.

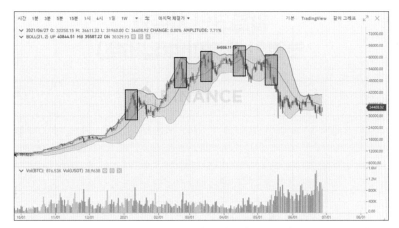

도표 10-3 비트코인 선물 차트 - 비트코인 선물 일봉 차트를 통해 큰 흐름을 읽는다.

알트코인 차트와
코리안 프리미엄(업비트)

　세 번째는 알트코인 차트와 코리안 프리미엄이다. 알트코인은 주로 업비트를 많이 활용한다. 나는 국내 시장에 중국계 자본이 많이 들어와 있고, 상승장에서 알트코인의 가격을 상승시키는 주체가 중국 투기자본이라고 생각한다. 즉 국내 알트코인 시장의 움직임을 정확히 예측할 수 있다면, 투기 자본의 방향을 알 수 있다고 생각하므로 알트코인의 가격 변동을 유의 깊게 보는 편이다.

　다만 알트코인은 비트코인과 다르게 세력이 의도를 가지고 개별적으로 펌핑하는 경우가 많고, 단기적으로 일제히 반등하는 경우가 많다. 그러므로 모든 코인의 분위기를 며칠간 지켜보면서 판단하는 것이 좋다. 코프는 1장에서 언급한 사이트 KIMPGA(Kimpga.com)에서 확인할 수 있다.

거래량

마지막으로 거래량이다. 비트코인은 바이낸스 거래소를, 알트코
인은 업비트를 참고하고 있다. 도표 10-4는 비트코인 차트인데, 상승
장(2020년 12월~2021년 4월)보다 약세장, 하락장으로 전환하려는 구
간에서의 거래량이 줄어드는 것을 볼 수 있다. 즉 거래량이 이전보다
줄어들면서 가격이 전고를 돌파하지 못하고 횡보한다면 나는 하락장
이 곧 올 가능성이 있다는 시그널로 판단한다. 이때부터는 현금 보유
비중을 늘리고, 평소보다 적게 시드를 투입하고, 거래하면서 언제 올
지 모르는 대폭락장을 대비하는 편이다.

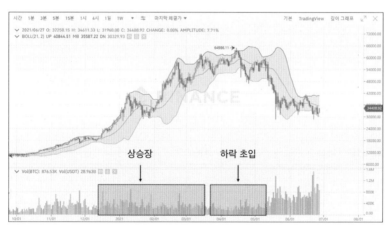

도표 10-4 상승장과 하락장 초입 부근의 거래량 비교

그리고 고점 대비 50% 이상 조정이 온 6월에는, 다시 거래량이 폭발적으로 늘면서 가격을 지지하는 것을, 단기간에 급격하게 폭락이 발생한 구간에서 거래량이 급격하게 상승하는 것을 볼 수 있다. 이때 고점에 물린 코인들을 탈출할 수 있는 좋은 기회가 된다. '많은 거래량 + 급격한 하락'은 강한 데드켓 반등의 신호이기 때문이다.

도표 10-5와 같이 급격하게 흐르면서 기존 대비 거래량을 크게 발생하는 차트가 나온다면, 저항이 오는 구간에서 평소보다 강하게 진입하여 데드켓 반등 구간에서 큰 수익을 노려볼 수 있다. 저항 구간을 찾는 방법은 5장 찐바닥 잡기를 참고하면 된다.

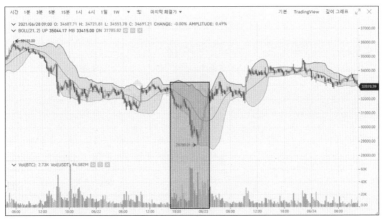

도표 10-5 데드켓 반등의 신호 - 평소 거래량보다 많은 거래량을 동반하며 하락한다면 데드켓을 노린다.

11장

갑작스러운 폭락장에서도
살아남는 법

폭락장에서 청산당하는
사람들의 패턴

하락장이 올 것을 의식하고 조심스럽게 투자한다고 해도 정확히 어느 시점에서 하락이 올지 알 수 없다. 그래서 상황에 따라 코인을 들고 있는 상태로 폭락장을 맞이하는 경우도 있고, 현금을 들고 관망하는 도중에 폭락장을 맞이하는 경우도 있다.

이번 장에서는 폭락장이 왔을 때, 청산 혹은 탈출하지 못하고 큰 손해를 보는 사람들의 패턴을 알아보고 무엇이 문제인지, 하락을 어떻게 대응해야 하는지에 대해 알아보겠다.

1. 바닥(매수 시점)을 못 잡는다.
2. 들어가지 말아야 할 시점과 들어가야 할 시점을 구분하지 못한다.
3. 물렸을 때, 고점에서 너무 자주 물타기를 한다.
4. 느긋함이 없고, 무언가에 쫓기듯 단기간에 큰 수익을 내려고 한다.

폭락장에서 청산당하는 사람들의 패턴 네 가지는 내가 지금까지 코인을 하면서 수많은 사람을 지켜본 뒤 내린 결론이다. 선물에서 살아남지 못하는 사람은 대부분 위와 같은 공통점이 있었다. 이러한 문제를 해결하기 위해 몇 가지 규칙을 만들어보았다.

패턴 1과 2의 경우는 5~10장에서 다룬 내용을 토대로 공부하면 된다. 패턴 3과 4의 경우는 이번 장에서 알려주는 방법으로 접근하면 보다 더 안정적인 매매를 할 수 있으리라고 확신한다.

다만 이 방법은 평소 포지션을 너무 많이 잡고 있거나, 현금 보유 비중이 낮다면 사용하기 힘들다. 하락장, 약세장에서는 원금의 80%는 가능하면 유지한 상태에서 남은 20% 안에서 수익을 낼 수 있도록 조절하는 것이 중요하다. 급등락이 심한 코인판에서, 특히 청산의 위험까지 있는 선물 시장에서 살아남으려면 최대한 보수적으로 운용하는 것이 성공적인 투자의 기본 조건이다.

폭락장에서
대응하는 방법

1. 시드는 1/40씩 진입한다. 숙련도가 오르면, 1/20까지 진입 비중을 높인다.

2. 물타기는 하나의 캔들에서 한 번만 하되, 최초 진입 후 2~3회 물을 탔는데도 반등이 오지 않는다면 더 이상 추가 매수하지 말고 찐바닥이 나올 때까지 기다린다.

3. 찐바닥이라 생각하는 경우, 평소보다 더 많은 물량의 물타기를 할 수 있다. 하지만 그 수량은 시드의 1/5을 넘지 않는다. 찐바닥이라고 생각했지만 바닥 지지를 실패하고 재차 하락하는 경우에는 추가 매수한 물량은 가급적 손해를 보는 한이 있더라도 정리한다.

갑작스런 폭락장에서 탈출하기 위한 첫 번째 방법은 바로 분할 매수이다. 트레이딩이 익숙하지 않다면 도표 11-1과 도표 11-2처럼 레버리지를 포함하여 자신이 살 수 있는 최대치를 확인한 뒤 해당 수량에서 1/40을 구매하면 된다. 승률이 90% 이상이라는 판단이 서면 최대 1/20까지 진입 비중을 올려서 매수한다.

도표 11-1 바이낸스에서 최대 구매 가능 수량 확인하는 법

도표 11-2 비트겟에서 최대 구매 가능 수량 확인하는 법

갑작스런 폭락장에서 탈출하기 위한 두 번째 방법은 하나의 캔들에서는 한 번만 물타기를 하는 것이다. 대부분의 초보자가 저지르는 실수가 도표 11-3과 같이 갑작스런 폭락이 왔을 때 혹은 반등 없이 지속적인 하락이 오는 구간에서 단기간에 물타기를 자주 해서 고점에 많은 시드가 물리는 것이다.

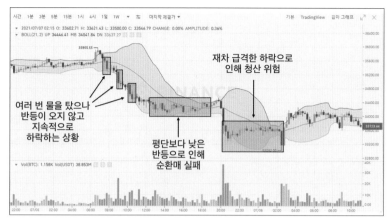

도표 11-3 잦은 물타기로 인해 청산이 발생하는 상황 예

고점에 시드가 많이 물려버리면, 아래에서 물타기를 해도 평단이 크게 내려가지 않는다. 선물의 경우는 증거금을 지속적으로 사용하게 되면 청산가가 가까워지기 때문에 굉장히 위험하다.

하지만 대부분의 사람은 이런 상황이 오면 당황해서 혹은 근거 없는 믿음으로 자기도 모르는 사이에 짧은 기간에 여러 번 물타기를 하게 된다. 이를 방지하기 위해 하나의 캔들에서는 물타기를 한 번만 하는 습관을 들이자.

또한 캔들이 새로 갱신되었다 하더라도 이전에 추가 매수한 금액과 큰 차이가 나지 않는다면 추가 매수하지 않는 것이 중요하다(도표 11-4 참조).

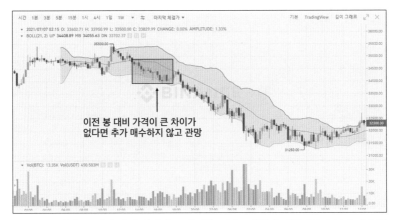

도표 11-4 이전 봉 대비 가격 차이가 크지 않는 경우 - 캔들이 갱신되어도 추가 매수하지 않고 관망한다.

또한 도표 11-5와 같이 몇 시간에 걸쳐 지속적인 하락세를 보여주는 경우도 있다. 2~3회 물타기를 한 이후에도 반등 없이 지속적인 하락이 발생한다면 가급적 추가 매수를 하지 말고 찐바닥이 나올 때까지 관망하다가 찐바닥 구간에서 강하게 물타기를 해서 평단을 낮추고 탈출하는 것도 좋은 전략이라고 할 수 있다.

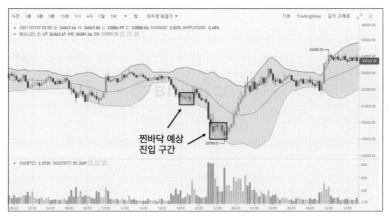

도표 11-5 지속적인 하락세를 보이는 경우 - 찐바닥을 잡고 단기 반등 구간에서 탈출을 노린다.

마지막은 찐바닥이라고 생각했던 구간에서 바닥을 지지하지 못하고 재차 하락하는 경우이다(도표 11-6 참조). 이때는 손해를 보는 한이 있더라도 과감하게 찐바닥 구간에서 매수한 물량을 정리하는 것이 중요하다.

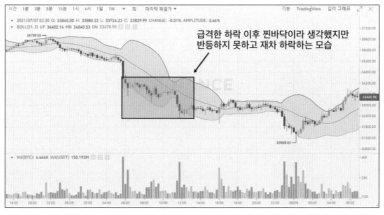

도표 11-6 찐바닥인 줄 알고 들어갔지만 하락하는 경우 - 추가 매수 물량을 정리하고 다시 바닥을 잡는다.

지속적으로 하락하는 장에서
대응하는 법

하락이 오래 지속될 때는
어떻게 해야 할까?

트레이딩을 하다 보면 내가 예상한 방향과 다르게 오래 하락하는 경우가 종종 있다. 빠른 손절을 하였다면 다행이지만, 보통은 추세가 어느 정도 꺾이고 난 후, 즉 손해가 어느 정도 발생한 직후에 이를 뒤늦게 인지하여 대응 시기를 놓치는 것이다. 이럴 때는 어떤 식으로 해야 하는지 2021년 7월 12일의 비트코인 차트를 보면서 한번 살펴보자. 먼저 전체적인 움직임은 아래와 같다.

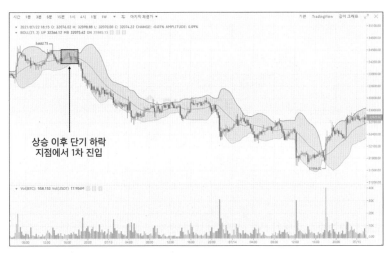

도표 12-1 2021년 7월 12일 비트코인 차트(15분 봉)

도표 12-1을 보면 비트코인은 34,600달러를 찍은 뒤, 지속적으로 하락하여 31,556달러까지 하락한다. 차트 초입에 있는 반등 지점에서 분할 매수(1/40)로 진입하였다고 가정하고, 지금부터 대응 방법을 단계적으로 설명해보겠다. 1차 진입한 시점에서의 시드와 평단은 아래와 같다(도표 12-2 참조).

진입 가격 : 34,300usdt

사이즈 : 1btc

실현 손익 : 0usdt

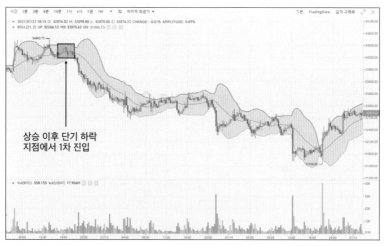

도표 12-2 상승 이후 단기 하락 지점에서 1차 진입

도표 12-3과 같이 단기 반등을 노리고 1/40 분할 매수로 진입하였지만, 상승하지 못하고 재차 하락이 올 때, 보통은 도표 12-2와 같은

장기간 급격한 하락을 염두에 두지 않기 때문에 추가 매수로 탈출하려는 게 일반적인 대응이다. 이때 5분 봉 3틱 룰 또는 찐바닥 잡기를 이용하여 2차 매수를 해야 한다. 도표 12-3은 2차 분할 매수를 한 모습이며, 2차 진입한 시점에서의 변경된 시드와 평단은 아래와 같다.

진입 가격 : 34,050usdt

사이즈 : 2btc

실현 손익 : 0usdt

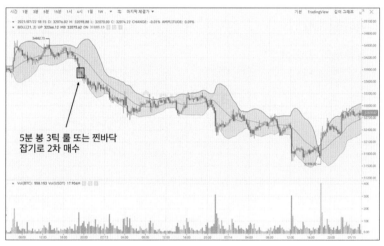

5분 봉 3틱 룰 또는 찐바닥 잡기로 2차 매수

도표 12-3 5분 봉 3틱 룰 또는 찐바닥 잡기로 2차 매수

하지만 시간이 지나도 차트는 여전히 반등하지 못하고, 단기 반등 지점 역시 한 번도 나오지 않아서 2차 매수한 물량을 순환매로 정리하지 못하고 다시 하락을 맞이했다. 다만 긍정적인 것은 전체 시드의

1/20 정도가 들어가 있기 때문에 큰 부담은 없다는 것이다. 이때 빠르게 탈출하려고 조급한 마음에 너무 많은 시드를 무리하게 물타기를 해서는 안 된다.

인내심을 가지고 기다려본 결과, 2차 분할 매수 이후 3시간 뒤에 하락 추세가 완만해지면서 3차 매수를 할 만한 자리가 보이기 시작했다. 도표 12-4와 같이 3차 매수를 한다고 가정해보자. 3차 매수 진입 시점에서의 변경된 시드와 평단은 아래와 같다.

진입 가격 : 33,820usdt

사이즈 : 3btc

실현 손익 : 0usdt

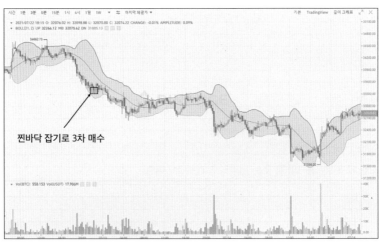

도표 12-4 찐바닥 잡기 스킬을 이용하여 3차 매수 진입

곧바로 200달러가량의 상승이 진행되었고, 이 구간에서 3차 매수 물량인 1btc를 정리하면서 평단보다 낮은 가격에 추가 매수한 물량을 털어 아래와 같이 실현손익이 발생했다.

33,550usdt(매도 가격) − 33,820usdt(평단) = −270usdt × 1btc

= −270usdt(실현 손익)

진입 가격 : 33,820usdt

사이즈 : 2btc

실현 손익 : −270usdt

도표 12-5 단기 고점에서 3차 매수한 물량 정리

단기적으로는 실현 손익이 마이너스가 되면서 손해가 발생하였지만, 최초 진입하였던 평단보다 500usdt가량 낮추고 추가로 매수하였던 시드 역시 일부 확보하면서 재차 하락이 오더라도 충분히 대응할 수 있는 여력을 만들어두었다.

시간이 지나 도표 12-6과 같이 한 번 더 하락이 발생하였다. 이때 3차, 4차 매수를 아래와 같이 진행한다. 그러면 전체 시드의 1/10이 들어가 있는 상황이며, 변경된 시드와 평단은 아래와 같다.

진입 가격 : 33,410usdt

　　= (기존 평단 33,820×2+3차 매수 가격 33,150＋4차 매수 가격 32,850) / 4

사이즈 : 4btc

실현 손익 : −270usdt

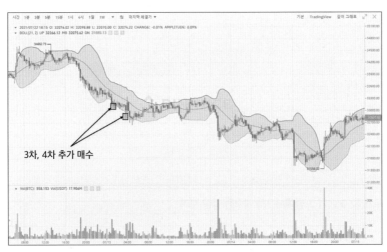

도표 12-6 3차, 4차 추가 매수

그리고 3, 4차 매수 물량을 단기 반등이 왔을 때 33,300usdt 부근에서 정리한다. 마찬가지로 이때도 평단보다 낮은 가격에 추가 매수 물량을 정리하였으므로 아래와 같이 실현 손익이 마이너스가 된다. 그렇게 변경된 시드와 평단은 아래와 같다.

33,300usdt(매도 가격) − 33,420usdt(평단) = −120usdt × 2btc

= −240usdt(실현 손익)

진입 가격 : 33,410usdt

사이즈 : 2btc

실현 손익 : −270usdt + −240usdt = −510usdt

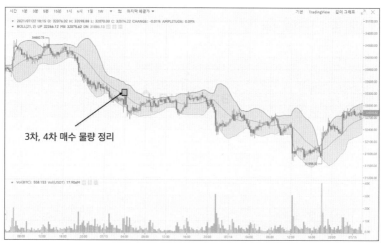

3차, 4차 매수 물량 정리

도표 12-7 단기 반등 구간에서 3차, 4차 추가 매수 물량을 정리하여 시드 확보

도표 12-8 차트를 보면, 다시 반등하는 것처럼 보이다가 재차 급격한 하락을 보인다. 만약 단기 반등 구간에서 추가 매수 물량을 정리하지 않고, 그대로 들고 있었다면 굉장히 위험했을 것이다. 하지만 단기 반등에서 마이너스 실현 손익을 감수하고도 3차, 4차 추가 매수 물량을 정리하였으므로 도표 12-8과 같이 급격한 하락이 왔을 때, 확보해놓은 시드로 여유 있게 추가 매수를 진행할 수 있다. 변경된 시드와 평단은 아래와 같다.

진입 가격 : 33,060usdt

= (기존 평단 33,420×2 + 3차 매수 가격 32,700×2) / 4

사이즈 : 4btc

실현 손익 : −510usdt

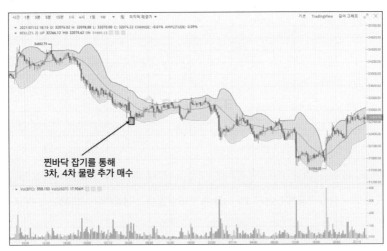

도표 12-8 급격한 하락 이후 아래꼬리 구간에서 찐바닥 잡기로 3차, 4차 물량 추가 매수

이런 식으로 추가 매수한 물량을 지속적으로 단기 반등 구간에서 정리하고, 다시 저점에서 사는 것이다. 이 방식으로 처음에 진입했던 34,300usdt라는 평단에서 많은 시드를 투입하지 않고도 안정적으로 평단을 낮출 수 있다.

다만 평단을 낮추면서 발생하였던 실현 손익은 도표 12-9와 같이 상승이 와서 내 평단보다 가격이 높아지는 구간에서 매도하여 발생하는 미실현 손익으로 메꿔 이익을 노려볼 수 있다. 이때 변경된 시드와 평단은 아래와 같다.

33,250usdt(매도 가격) − 33,060usdt(평단) = +190usdt × 4btc

= 720usdt(실현 손익)

최종 실현 손익 : −510usdt + 720usdt = 210usdt

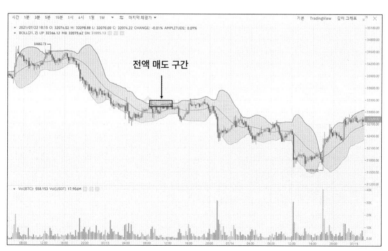

도표 12-9 바닥을 찍고 반등하는 구간에서 수익 실현

오랜 기간 하락장이 오더라도 무리하지 않고, 반등이 올 법한 구간에서 추가 매수를 통해 평단을 낮춰주고 단기 반등이 왔을 때 당장은 손해를 보더라도 추가 매수한 물량을 정리해준다. 그러면서 하락이 끝나고 상승이 올 때까지 시드를 안정적으로 유지하면서 버티는 것이 지속적인 하락장에 대응하는 핵심 요령이다.

13장

코인판에서 살아남기 위한
5가지 원칙

빠르게 변화하는 트렌드를
읽고 선점하라

코인은 주식과 다르게 가치를 매길 수 있는 수단이 없다. 철저하게 수요와 기대 심리에 따라 가격이 결정되고 그 트렌드는 굉장히 빠르게 변화한다. 그러므로 남들이 많이 찾고 거래하는 코인, 자금이 몰려 있는 코인 위주로 트레이딩하되, 늘 다음 코인을 찾을 준비를 해야 한다.

2021년 4월 상황으로 예를 들어보면, 도지코인(DOGE)이 굉장한 거래량과 폭발적인 상승세를 보여주었다(도표 13-1 참조). 5월에는 이더리움 클래식(ETC)이 그 바통을 이어받았다(도표 13-2 참조).

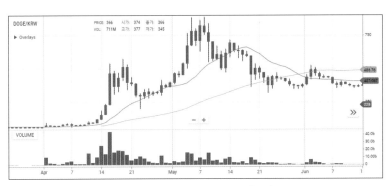

도표 13-1 2021년 4월에 폭발적인 상승세를 보여준 도지코인

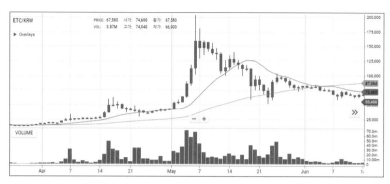

도표 13-2 2021년 5월은 이더리움 클래식이 대세

전체적인 조정이 온 6~7월에는 NFT 메타를 타고 동남아 지역에서 큰 인기를 끌고 있는 엑시인피니티(AXS)가 한 달 사이에 저점 대비 15배 이상 오르는 모습을 보여주면서 수많은 사람에게 희망과 절망을 동시에 주고 있는 상황이다.

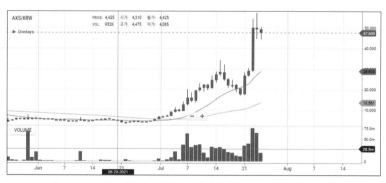

도표 13-3 한 달 사이에 15배가량 오른 엑시인피니티

이처럼 코인판은 굉장히 빠르게 변화하고 그 변화의 폭도 심하다. 시장에 자금 흐름이 원활하지 않을 때에는 특정 코인에 대부분의 자금이 몰리므로 트레이딩할 때도 이런 코인들 위주로 접근하는 것이 좋다.

이런 정보를 남들보다 빠르게 얻기 위해서 다양한 커뮤니티 사이트를 돌아다니면서 코인들의 일정을 체크하고 해당 코인의 반응과 관련된 기술주(주식)의 등락을 유심히 관찰하는 것도 수익을 높이는 데 큰 도움이 된다.

내가 참고하는 사이트는 다음과 같다.

- 쟁글(xangle.io)
- 코인니스(kr.coinness.com)
- 가상화폐당(www.clien.net/service/board/cm_vcoin)
- Grayscale 트위터(twitter.com/grayscale)
- 인베스팅닷컴(kr.investing.com/indices/indices-futures)

장의 흐름에 따라 트레이딩 전략을 유동적으로 바꿔라

2021년 봄에는 상승하는 코인에 뒤늦게 탑승했더라도 몇 시간 혹은 하루 이틀만 버티면 그 이상으로 가격이 올라가는 일이 비일비재했다. 그렇기에 공격적으로 투자를 해도 물리는 일이 상대적으로 적었고 저위험 고수익이 가능했다.

예를 들어 도표 13-4의 메디블록(MED)을 보자. 5원에서 시작하여 20원, 50원, 100원, 250원, 400원까지 큰 조정 없이 두 달 가까이 계단식으로 상향하는 것을 볼 수 있다. 당시에는 고점에서 단타를 치다가 물렸더라도 며칠 '존버'하면 내 실력과 상관없이 더 큰 이익으로 탈출 할 수 있었다.

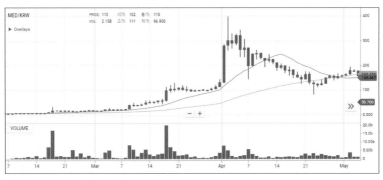

도표 13-4 두 달 사이 5원에서 400원까지 오른 메디블록(MED)

하지만 6~7월 들어 시장이 급속도록 위축되었고 신규 자금이 더 이상 들어오지 않았다. 이때 2021년 봄과 같은 투자 방식을 고수하면 높은 확률로 물리게 된다. 상승장에 들어와 많은 돈을 번 사람이라면 이런 하락장에서 크게 손해를 보았을 것이다.

장이 좋을 때와 좋지 않을 때의 대응 전략을 각각 다르게 세우고 접근할 필요가 있다. 상승장에서는 저점 매집 후 추세를 따라가는 매매 방식이 가장 좋고, 하락장 혹은 약세장에서는 현금을 들고 있다가 단기 반등을 노리는 역추세 매매 방식이 좋을 수 있다.

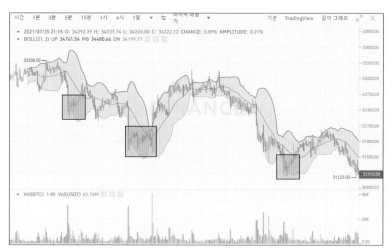

도표 13-5 하락장의 경우 - 단기 반등을 노리는 역추세 매매를 한다.

돈을 잃은 날은 휴식을 취하고
다음 날 트레이딩하라

　트레이딩할 때 가장 중요한 것 하나를 고르라고 한다면 나는 주저 없이 마음가짐이라고 답하겠다. 트레이딩은 결국 사람과 사람 간의 심리 싸움이다. 누가 더 냉정하게 판을 바라보고 베팅하느냐에 따라 승패가 갈린다. 대부분의 사람은 이를 알면서도 그 당시 분위기에 취해 혹은 분노를 이기지 못해 더 큰 손해를 본다. 나 또한 사람이다 보니 그런 경험을 많이 해봤다. 심리 싸움을 이겨낼 내 나름의 대응 방법을 정리해보았다.

　다음은 대부분의 사람이 마인드 컨트롤에 실패해 더 큰 피해를 입고 악순환에 빠지는 과정이다.

1. 코인을 매수한다.
2. 매수한 코인이 떨어진다.
3. 견디다가 손절한다.
4. 내가 손절한 금액보다 조금만 더 빠지고 내가 판 가격보다 더 높은 가격까지 반등한다.
5. '조금만 버틸 걸 왜 팔았을까?' 하고 화가 난다.
6. 평소 같으면 진입하지 않았을 타이밍에 감정적으로 추격 매수에 들어간다.
7. 내가 사자마자 다시 떨어진다.

8. '왜 샀을까?' 하고 자책하면서 다시 손절한다.

9. 손실금을 찾아야 한다는 생각에 무리하게 투자하다가 손해를 더 키운다.

10. 손실이 반복되어 자신감이 떨어지고 말아 정작 진입해야 할 때 못 타서 슬럼프에 빠진다.

아마 대부분의 사람이 위와 같은 패턴을 경험해보았을 것이다. 한두 번쯤이야 그럴 수 있다고 치지만, 이런 일이 계속되면 자산을 까먹는 것은 물론, 자신감까지 잃어 제대로 된 트레이딩을 할 수 없게 된다.

나는 이런 일을 막기 위해서 4~5단계가 오면 잠시 휴식을 취하거나 아예 그날은 트레이딩을 쉰다. '못 벌어도 잃는 것보다 낫다.'라고 생각하기 때문이다. 감정 기복이 심할 때는 트레이딩을 잠시 멈추고 휴식을 취하길 추천한다. 그 편이 장기적으로는 더 좋은 결과를 이룰 수 있을 것이다.

잃은 돈을 한 방에 복구할 생각 말고 차근차근 메꿔 나가라

현재 손실이 발생 중이라면 누구나 다음과 같은 생각을 한 번쯤 해 보았을 것이다.

'대상승장이 와서 대박나면 좋겠다.'

'내가 선택한 코인이 어딘가에 상장하면 좋겠다.'

'내가 선택한 코인이 알 수 없는 이유로 대박나면 좋겠다.'

그런데 보통 큰 수익률을 보여주는 경우는 비트코인, 이더리움과 같이 시총이 큰 대장주보다는 시총이 작은 코인이 대부분이다. 평소라면 매수하지 않았을 법한 코인이나, 들어가지 않았을 자리에서 될 대로 되라는 식으로 고위험 종목에 투자하는 경우가 굉장히 많다.

물론 운이 좋아서 도표 13-6과 같이 운 좋게 펌핑 직전에 올라타 단기간에 큰 수익이 나는 경우도 간혹 있다. 하지만 대부분의 경우 큰 욕심을 부리다가 짧은 시간 안에 큰 손실을 입어 원금 회복을 더 어렵게 만드는 경우가 많다.

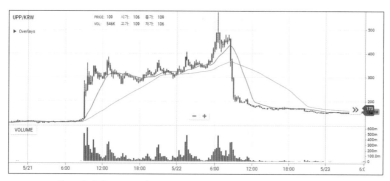

도표 13-6 하루 사이에 500%의 움직임을 보여준 센티넬프로토콜(UPP)

나는 예측이 크게 빗나가서 큰 손실이 발생하면 당일 혹은 하루 이틀 안에 그것을 메꾸려고 욕심내지 않는다. 그보다는 며칠 혹은 몇 주에 걸쳐 메꿔 나간다. 손실이 발생했다면 자산, 장 분위기, 자신의 실력을 종합적으로 고려하여 하루에 어느 정도의 수익을 낼 수 있는지 계산해보고 하루하루 메꿔 나간다. 목표액을 정하고 조금씩 채워 나가다 보면 목표의식이 생긴다. 또한 보다 더 명확하게 자신의 현재 상황을 인지할 수 있다.

코인은 적절한 수익 실현이 필수이다

트레이딩을 하다 보면 특정 코인과 사랑에 빠질 수 있다. 사랑에 빠진 나머지 '이 코인은 100배 오를 거야.', '앞으로 나올 호재가 굉장히 많기 때문에 지금보다 더 많이 가격이 오를 거야.' 등 희망 회로를 돌린다. 희망 회로를 돌리는 것이 나쁘다는 것은 아니다. 때로는 상승장에서 중간중간 개미들을 털어내기 위한 움직임이 찾아올 때 흔들리지 않게 도와주는 원동력이 되기도 한다.

하지만 세상 그 어떤 자산이든 마냥 오르기만 하는 것은 없다. 고점이 아니더라도 늘 적절한 수익 구간에 도달하면 욕심내지 말고 팔아야 한다. 특히 코인은 주식보다 장의 움직임이 몇 배는 빠르기 때문에 '상승 → 하락 → 상승 → 하락'의 기간이 굉장히 짧다. 아무리 유망하고 좋은 코인이라도 하락장이 오면 도표 13-7과 같이 60~80% 이상 빠지는 경우가 다반사이다. 그러므로 자신이 목표한 수익 혹은 충분한 수익에 도달했다면 매도를 추천한다.

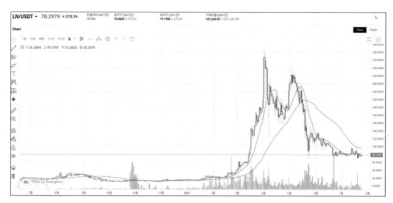

도표 13-7 라인에서 만든 링크(LN) 코인 일봉 차트의 모습

코린이를 위한
Q&A

5분 봉 3틱 룰을 반대로 활용하여 숏 포지션을 잡아도 될까?

트레이딩을 하다 보면 매수보다는 매도가 훨씬 더 어려움을 실감할 것이다. '내가 팔면 더 오르는 것 같고 가지고 있자니 내릴 것 같다.'라는 경험 말이다. 추세가 반대로 꺾이려면 투자자들의 심리가 반대로 돌아서야 한다.

그런데 인간은 하락하는 차트에서 상승을 노리는 것을 더 선호하는 심리가 있다. 몇 가지 이유를 보자.

첫째, 고점에 물렸을 때 가격이 급락하면 자신이 산 가격보다 이미 많이 떨어져 보이는 착시 효과가 발생해 추가 매수하는 경향이 있어서이다.

둘째, 이 시장이 무너지지 않는 이상 마냥 떨어지지만은 않을 것이라는 기대 심리가 있었다.

반대로 상승 추세일 때 인간은 포모 증후군(Fear Of Missing Out: 다른 사람이 누리는 좋은 기회를 놓칠까 봐 걱정되고 불안한 마음)에 빠지는 경향이 있다. 그로 인해 충분히 올랐음에도 더 오르는 모습을 종종 볼 수 있다.

다시 말해 과매도보다는 과매수가 더 자주 발생한다는 말이다. 이 말을 반대로 생각해보면 변곡점을 잡을 때, '하락 → 상승'이 '상승 → 하락'보다 더 쉽다는 이야기가 된다. 그렇기 때문에 하락장에서 반등을 찾기 위한 기법인 5분 봉 3틱 룰을 역으로 이용하여 숏 포지션을 잡는 것은 굉장히 조심할 필요가 있다. 특히 추세가 전환되는 시점에서의 숏 포지션은 자칫 잘못하면 탈출 기회조차 없이 오를 수 있기 때문에 주의해야 한다.

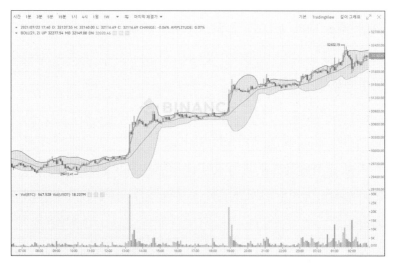

도표 14-1 탈출 기회를 주지 않고 상승하는 모습

선물 거래할 때 얼마씩 분할 매수로 들어가야 할까?

9장에서 분할 매수를 해야 한다고 했다. 하지만 레버리지가 존재하는 선물 거래는 한 번에 얼마씩 들어가야 하는지 매번 계산하기가 쉽지 않다. 이때 다음과 같이 한다면 아주 간편하게 계산할 수 있다. 내가 사용하는 선물 거래소들을 예로 들어 설명해보겠다.

바이낸스에서 선물 거래 시 진입 수량을 계산하는 방법

1. 왼쪽 상단에서 내가 사용할 레버리지를 설정한다.

2. 왼쪽 중간 부근에 있는 스크롤바를 오른쪽으로 최대한 끌어당겨 현재 내가 구매할 수 있는 btc 수량을 체크한다. 도표 14-2에서는 매수 = 103.628btc, 매도 = 76.493btc를 사용할 수 있다고 나온다.

3. 자신의 실력에 따라 분할매수 비율을 나눠준다. 1/40이라고 하면 롱 포지션을 잡을 경우 진입 시드는 '103.628 / 40 = 약 2.5btc'가 될 것이며, 숏 포지션의 경우 진입 시드는 '76.493btc / 40 = 약 1.9btc'가 된다.

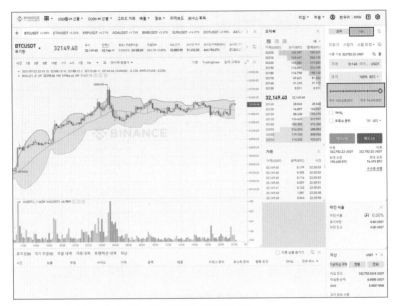

도표 14-2 바이낸스에서 분할 매수 수량을 계산하는 법

비트겟에서 선물 거래 시 진입 수량을 계산하는 방법

1. 왼쪽 상단에서 내가 사용할 레버리지를 설정한다.

2. 비트겟은 다른 거래소와 다르게 계약이라는 단위를 사용한다(설정에서 btc
   로 변경 가능). 이 계약이라는 단위는 1계약당 0.001btc를, 1000계약이
   1btc를 의미한다. 오른쪽 중간 부근을 보면, 자신이 최대로 계약할 수 있는
   수량이 나와 있다. 도표 14-3에서 29,887계약(29.8 btc)을 오픈할 수 있다.

3. 자신의 실력에 따라 분할매수 비율을 나눠준다. 1/40이라고 하면 1회 진입
   시드는 롱 포지션과 숏 포지션 모두 '29,887계약 / 40 = 747계약'이 된다.

도표 14-3 비트겟에서 분할 매수 수량을 계산하는 법

선물 거래 시 알아야 할
TAKER와 MAKER란?

TAKER 거래란 시장가이든 지정가이든 상관없이 오더북에 올라와 있는 거래에 내가 즉시 체결하는 경우를 말한다. 도표 14-4를 보면, 지정가 금액이 32150으로 설정되어 있고, 현재 가격은 32082이다. 만약 매수/롱 포지션을 잡게 되면 오더북에 올라와 있는 매도 계약에 즉시 체결되므로 지정가로 설정하였지만, TAKER 거래가 인정되는 것이다. 즉 TAKER 거래는 기다리지 않고 즉시 계약을 체결할수 있다는 장점이 있지만, MAKER에 비해 수수료가 비싸다는 단점이 있다.

도표 14-4 TAKER 거래 예

MAKER 거래는 지정가로만 가능하며 오더북에 계약을 생성한 뒤, 다른 사람이 내 계약을 체결해줄 때까지 기다렸다가 체결되는 것을 의미한다. 도표 14-5를 보면 대기 주문에 내가 예약한 거래가 올라와 있는 것을 볼 수 있다. 비트코인 가격이 해당 가격에 도달해서 누군가 내 계약을 체결해줘야만 포지션으로 잡히는 것이다. 즉 MAKER 거래는 다른 사람이 내 계약을 체결해주지 않고 가격이 올라가거나 내려간다면 포지션을 잡을 수 없다는 단점이 있지만, TAKER 거래에 비해 수수료가 저렴하다는 장점이 있다.

도표 14-5 MAKER 거래 예

단타를 칠 때 작업 환경은
어떠해야 할까?

단타를 칠 때, 꼭 PC가 좋아야 할 필요는 없다. 다만 너무 성능이 떨어지면 여러 개의 차트를 동시에 띄웠을 때 호가창 갱신 시 렉이 발생할 수 있다. 그러므로 어느 정도는 사양을 맞춰주는 게 좋다. 2021년 7월 기준으로 권장하는 사양을 적어보겠다.

CPU는 Ryzen 5600X 이상이 좋다. 특히 크롬으로 선물 거래소를 여러 개 띄워놓으면 6~10Gb 이상의 메모리가 필요하다. 램은 최소 16GB를 권장한다.

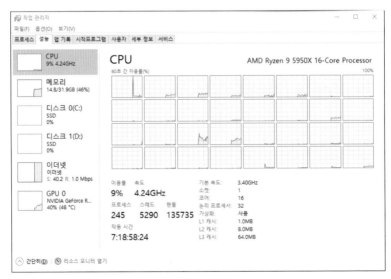

도표 14-6 나씨TV의 데스크톱 사양

모니터는 2560×1440 해상도를 추천한다. 흔히 사용하는 1920×1080 해상도는 '차트＋호가창'이 한눈에 들어오지 않을 수 있다. 또한 2560×1440 해상도는 남는 공간에 두 개의 차트를 띄워놓고 볼 수 있어서 차트를 볼 때 훨씬 활용도가 높다(도표 14-8 참조). 여러 개의 거래소를 동시에 이용한다면(현물＋선물 거래) 모니터는 최소 두 개 이상 구비하는 게 좋다.

도표 14-7 FHD 1920×1080(위), QHD 2560×1440(아래) 화면 차이

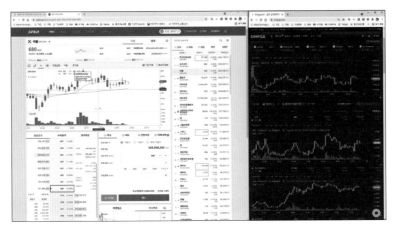

도표 14-8 QHD의 장점 - 동시에 두 개의 거래소 혹은 차트를 띄워서 볼 수 있다.

방송에서는 매수/매도를 굉장히 빠르게 하는데 어떻게 하는 걸까?

단타를 칠 때 수익을 극대화하려면 바닥을 잘 잡고, 단기 반등이 왔을 때 누구보다 빠르게 매도해야 한다. 그러려면 스마트폰보다는 PC로 트레이딩하는 것이 훨씬 유리하다.

또 마우스보다는 키보드 단축키로 매수/매도를 하는 것이 더 좋다. 보통 이런 단축키는 거래소에서 제공하지 않기 때문에 외부 프로그램을 사용하여야 한다. 참고로 나는 트레이더킹(www.trader-king.com)이라는 크롬익스텐션 단축키 앱을 사용한다.

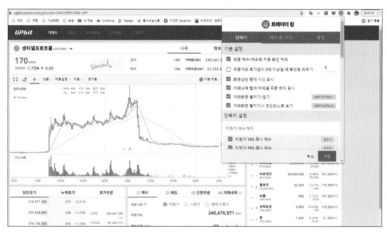

도표 14-9 트레이더 킹 단축키 프로그램 설정창의 모습

내가 원하는 기능을 원하는 키에 설정하여 매수, 매도, 주문취소 등을 순식간에 할 수 있다. 마우스로 여러 번 클릭하여 주문하는 사람에 비해 유리한 환경에서 트레이딩이 가능하다. 도표 14-10은 내가 사용하는 단축키 목록이다.

단축키	업비트	비트겟
Alt + 1	지정가 10% 즉시 매수	지정가 기본 주문수량 롱 오픈
Alt + 2	지정가 25% 즉시 매수	지정가 기본 주문수량 숏 오픈
Alt + 3	지정가 50% 즉시 매도	현재 포지션 50% 시장가 종료
Alt + 4	지정가 100% 즉시 매도	현재 포지션 100% 시장가 종료
Alt + q	미체결 주문 1건 즉시 취소	미체결 주문 1건 즉시 취소
Alt + e	미체결 주문 전체 즉시 취소	미체결 주문 전체 즉시 취소

도표 14-10 나씨TV의 트레이더 킹 단축키 목록

이렇게 단축키 프로그램을 이용하면 모든 거래소에서 동일한 단축키로 동일한 명령을 내릴 수 있어 헷갈리지 않고 빠르게 여러 개의 거래소를 사용할 수 있다. 가능하면 단축키 프로그램을 사용하기를 추천한다.

볼린저 밴드 차트는
어떻게 설정할까?

볼린저 밴드(이하 볼벤) 차트는 보조 지표 중 하나로 추세 이탈을 확인하거나, 박스권 횡보 시 변곡점을 찾아내는 데 도움이 되는 지표이다. 설정하는 방법은 거래소마다 약간의 차이는 있지만 대부분 비슷하다. 여기서는 바이낸스 차트를 기준으로 예를 들어보겠다.

먼저 차트 위쪽에 있는 아이콘들을 보면 '기술 지표'라는 아이콘이 있다. 해당 아이콘을 클릭하고(도표 14-11 참조) 'BOLL'을 찾아 활성화해주면 도표 14-12와 같은 모습이 된다.

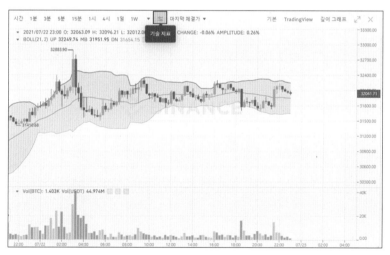

도표 14-11 차트에 있는 기술 지표를 클릭한 모습

메인		✕
MA	EMA	WMA
BOLL	VWAP	AVL
TRIX	SAR	

서브		
VOL	MACD	RSI
KDJ	OBV	CCI
Stoch RSI	Wm %R	DMI
MTM	EMV	O.I
L.S Acco.	L.S Posit.	L.S Ratio

도표 14-12 BOLL을 선택하여 활성화한 모습

거래소를 여러 개 사용하는
이유는 뭘까?

투자를 해보지 않은 사람이라도 "달걀을 한 바구니에 담지 마라." 라는 말을 들어보았을 것이다. 이 말은 분산 투자를 통한 리스크 회피 방법을 의미한다. 보통은 하나의 투자처 혹은 하나의 종목에 몰아서 투자하면 그 종목이 떨어졌을 때 대응할 수 없어서 이 말이 맞다.

하지만 주식이나 코인에는 분산 투자가 반드시 좋은 방법은 아니다. 코인은 아직까지 법과 제도 안에 들어오지 않았기 때문에 거래소에 대한 리스크가 굉장히 큰 편이다. 그러므로 거래소를 여러 개 사용하는 게 좋다.

거래소를 여러 개 사용하는 이유는 거래소가 파산할 우려가 있어서다. 예를 들면 2014년에 전 세계 비트코인 거래소 점유율의 70%를 차지했던 마운트곡스의 파산 사건처럼 거래소가 파산하는 경우도 있을 수 있다. 이 당시 마운트곡스는 4천억 원대의 비트코인과 은행에 예치되어 있던 300억 원가량의 현금을 모두 잃어버렸다면서 지금까지도 많은 의문을 남기고 있는 상황이다.

거래소를 여러 개 사용하는 또 다른 이유는 거래소가 잠적할 우려 때문이다. 처음부터 고객들의 자산을 빼돌리려는 속셈으로 거래소를 만들고 정상적인 영업을 하다가 어느 정도 예치금이 쌓이면 잠적하는 것이다. 실제로 2021년 6월 남아프리카공화국에서는 36억 달러(한화 약 4조 원) 규모의 비트코인 사기 사건이 발생한 사례가 있다. 남아공에서 에프리크립트(Africrypt)라는 비트코인 펀드회사를 운영하던 아미어와 라이스 카지 쌍둥이 형제는 투자자들에게 비트코인이 해킹당했다면서 잠적하였다.

거래소를 여러 개 사용하는 마지막 이유는 거래소의 안정성 문제 때문이다. 선물 거래는 자신이 잡은 방향과 반대 방향으로 단기간에 가격이 크게 급변하면 큰 손해를 볼 수 있다. 문제는 자신의 잘못이 아닌 거래소 서버 다운과 같은 이슈로 제대로 된 대응을 하지 못하는 경우가 종종 있다는 것이다. 즉 대응하고 싶어도 서버가 다운되어서 접속이 되지 않는다든지, 접속이 되더라도 주문이 들어가지 않는 등의 문제가 발생해 심각한 피해를 유발할 수 있다.

나 또한 도표 14-13과 같이 2021년 2월 8일 밤 10시경 발생한 바이낸스 서버 다운으로 수십 분간 제대로 접속이 되지 않아 큰 손해를 본 적이 있다. 하지만 바이낸스 측은 서버 다운과 관련하여 그 어떠한 공지도 하지 않았고, 피해 보상 역시 전무했다.

이와 같은 변수가 있을 수 있으니 거래소에 관한 리스크 역시 대비해야 할 필요가 있다. 거래소는 2~3군데로 분산하여 사용하기를 추천한다.

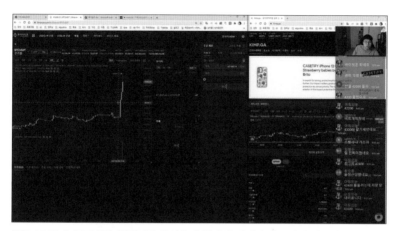

도표 14-13 숏 포지션을 잡았지만 급상승과 동시에 서버가 다운되어 대응하지 못해 손해가 누적되는 모습